Y0-BQN-554

1492

RIUS

# 500 AÑOS fregados pero cristianos

*grijalbo*

500 AÑOS FREGADOS PERO CRISTIANOS



D.R. © 1992 por EDITORIAL GRIJALBO, S.A. de C.V.
Calz. San Bartolo Naucalpan núm. 282
Argentina Poniente 11230
Miguel Hidalgo, México, D.F.



ISBN 970-05-0357-7

IMPRESO EN MÉXICO

# PRÓLOGO

EN SABIO ESCRITO DEDICADO A LOS 500 AÑOS, MARIO BENEDETTI SEÑALA QUE COLÓN, AL DESCRIBIR SU PRIMER ENCUENTRO CON LOS ABORÍGENES DE GUANAHANÍ, LA ISLA POR ÉL "DESCUBIERTA" EL FATÍDICO 12 DE OCTUBRE DE 1492, ANOTÓ EN SU DIARIO:

"Mas me pareció que era gente muy pobre de todo.."

"CASI 5 SIGLOS DESPUÉS, LA MAYOR PARTE DE LOS HABITANTES DEL CONTINENTE ENTONCES DESCUBIERTO SIGUE EN ESA INDIGENCIA", DICE BENEDETTI. EL DESCUBRIMIENTO, QUE NOSOTROS LLAMARÍAMOS **INVASIÓN** DE AMÉRICA, DEVINO EN VIL E INEXPLICABLE SUBDESARROLLO, QUE NOS CONDENÓ –¿DE POR VIDA?– A SOBREVIVIR EN EL TERCER MUNDO...

¿Y POR QUÉ INEXPLICABLE? EN PARTE POR VER QUE EN OTRAS PARTES DEL MISMO CONTINENTE, NO CONQUISTADAS POR EL IMPERIALISMO CATÓLICO ESPAÑOL (O PORTUGUÉS), HAN LOGRADO UN DESARROLLO DE PRIMER MUNDO...

¿QUIERE USTED DECIR QUE SI NOS HUBIERAN CONQUISTADO LOS INGLESES NOS HUBIERA IDO MEJOR?
MEJOR VÉALO ASÍ: ¿QUÉ HUBIERA SIDO DE AMÉRICA DEL NORTE SI LOS HUBIERAN CONQUISTADO LOS HISPANOS..?

ESTE LIBRO TRATARÁ DE HURGAR EN ESE MISTERIO: ¿EL HABER SIDO "CIVILIZADOS" POR EL CATOLICISMO HISPANO-Y HABER SEGUIDO (A FUERZA) SU MODELO DE SOCIEDAD Y DESARROLLO- HAN SIDO DEFINITIVOS PARA NUESTRA ACTUAL JODIDEZ...?. (JODIDEZ DE SUBDESARROLLO QUE COMPARTIMOS CON TODOS LOS DEMÁS PAÍSES "CIVILIZADOS" POR LA CATÓLICA ESPAÑA...) Y SI ESTADOS UNIDOS Y CANADÁ HUBIERAN SIDO CONQUISTADOS POR LOS GACHUPAS, ¿ELLOS SERÍAN LOS SUBDESARROLLADOS, Y NOSOTROS LOS FREGONES?

DESGRACIADAMENTE, LA HISTORIA NO SE ESCRIBE CON SUPOSICIONES (¿O SUPOSITORIOS?), NI PODEMOS TAMPOCO ANCLARNOS EN LA LAMENTACIÓN DE LA DESTRUCCIÓN Y GENOCIDIO DE QUE FUIMOS VÍCTIMAS HACE 500 AÑOS.

ALGUIEN DIJO -CREO QUE MARX EL HOY VILIPENDIADO- QUE LA HISTORIA ES EL ESTUDIO DEL PASADO PARA EXPLICARNOS EL PRESENTE Y PLANEAR EL FUTURO. Y LA HISTORIA DEL NUESTRO 500 AÑOS VIEJO PASADO, NOS HA SIDO SIEMPRE DICTADA POR LOS VENCEDORES DISFRAZADOS DE MITRA, SOBREPELLIZ Y SOTANA. (SÍ, LOS MISMOS QUE QUIEREN "CELEBRAR" LOS 500 AÑOS...)

¿América Latina? Al fondo a la derecha..

ESTE LIBRO INTENTA PUES REFRESCARLES LA MEMORIA A QUIENES VEN TODAVÍA COMO MOTIVO DE CELEBRACIÓN EL GENOCIDIO DE MILLONES DE INDÍGENAS Y LA DESTRUCCIÓN DE UNA CIVILIZACIÓN SUPERIOR EN MUCHOS ASPECTOS A LA SUYA (← NO PEROYATIVO).

LA INVASIÓN DIZQUE CRISTIANA DE HACE 500 AÑOS PRODUJO UNO DE LOS ACONTECIMIENTOS MÁS HORRIBLES DE LA HISTORIA HUMANA: EL EXTERMINIO DE TODAS LAS SOCIEDADES INDÍGENAS... ¡¿CÓMO PODEMOS CELEBRAR ESO, COÑO?!

DE NADA SIRVE YA -PENSARÁN MUCHOS- LAMENTARNOS Y LAMENTÁRSELAS A LOS CONQUISTADORES POR HABERNOS CRISTIANIZADO. NI SIRVE TAMPOCO DE NADA OPONERNOS A QUE ELLOS LO CELEBREN (1492 FUE EL INICIO DE SU IMPERIO). PERO NO TENEMOS POR QUÉ UNIRNOS LOS VENCIDOS A ESA CELEBRACION, COMO PRETENDEN ALGUNOS GOBIERNOS LATINOAMERICANS.

(ESTE LIBRO, PUES, NO ESTÁ HECHO PARA CELEBRAR LOS 500 AÑOS, SINO MÁS BIEN PARA DEMOSTRAR QUE LA "LEYENDA NEGRA" NO FUE LEYENDA, SINO PURA Y TRISTE REALIDAD...)

ATTE: el autor

# CAPÍTULO 1

■ Donde se ve y se trata (de demostrar) cómo don Cristóbal Colón, ni descubrió nada, ni se merece tantísimos monumentos y honores y demás vainas propias de la vanidad humana.

¡Hostia!
ya empiezo
a sentir
agruras..

## ¿COMO ERA EL VERDADERO ROSTRO DE COLON?

HAY TANTÍSIMAS VERSIONES DE SU FEIS, QUE HEMOS OPTADO POR DEJARLE AL LECTOR QUE ESCOJA LA QUE MÁS LE CUADRE Y CONVENGA A SUS INTERESES...
¡TOTAL...!

¡En eso me ha ido peor que a Cristo!

NADIE HA PODIDO DECIR CON EXACTITUD CÓMO ERAN, NI DON CRISTO, NI DON CRISTÓBAL

Y tampoco se ha dilucidado con claridad meridiana dónde nació el Sr. Colón...

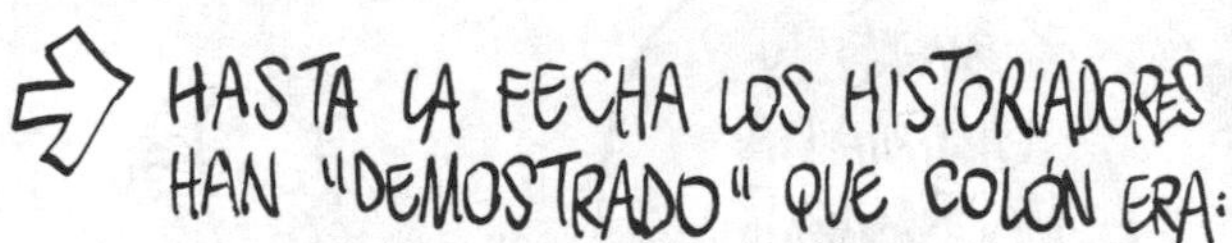
HASTA LA FECHA LOS HISTORIADORES HAN "DEMOSTRADO" QUE COLÓN ERA:

- CATALÁN
- INGLÉS
- SUIZO
- GALLEGO
- JUDÍO
- CORSO
- ITALIANO
- PORTUGUÉS
- VASCO
- GRIEGO
- IRLANDÉS
- GRINGO

Y hasta MEXICANO y DESCENDIENTE DE QUETZALCÓATL

versión de EKO.

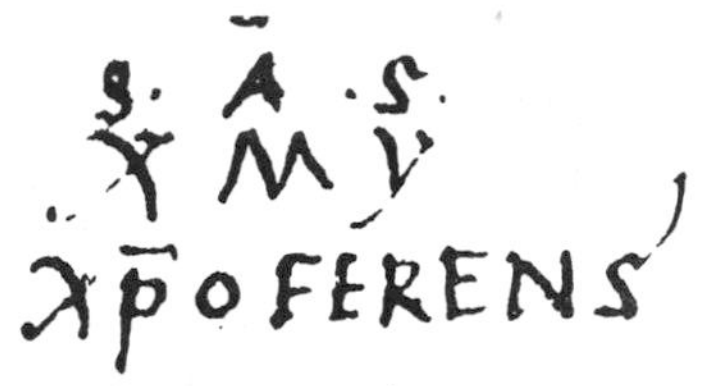

"Yo estoy tan perdido como dixe: yo he llorado fasta aquí a otros: haya misericordia agora el Cielo y llore por mi la Tierra".

CRISTOBAL COLON

# S PATRIAS DE COLON

■ La vida de Cristóbal Colón es una selva de misterios que impide lograr una verdad documental sobre unos cuantos hechos capitales: cuál fue el lugar de su nacimiento; cuál la ruta de su niñez y juventud; cuál el camino cultural que siguió para convertirse en el experto nauta del Descubrimiento del Nuevo Mundo, y cuál el sendero que han recorrido sus huesos y cenizas. Sobre todos estos datos flota un irónico interrogante que hace imposible una veraz biografía colombina.

Por el documento llamado *Assereto,* se cree que la fecha del nacimiento de Colón fue en 1451.

BUENO..Y ULTIMADAMADREMENTE.. ¿QUÉ IMPORTA DÓNDE NACIÓ COLÓN..??
DIGAMOS QUE NACIÓ EN GÉNOVA, ITALIA EN 1451, HIJO DE DOMÉNICO, TEJEDOR DE LANA Y SUSANA FONTANAROSA... DE ORIGEN JUDÍO.
shit... ese hijue-pu resultó mi pariente..

*Casa de Cristóbal Colón, en Génova, Italia.*

← SUPLICAMOS AL LECTOR NO SE EMOCIONE CON ESTA "PRUEBA HISTÓRICA"!..

También existen "CASAS" de Colón en Pontevedra, Portugal, Plasencia, Barcelona, Mallorca, Córcega, Ginebra, Boston y Tepetlaoztoc...

Y CON MIS SACROS HUESOS PASA LO MISMO: NADIE SABE EN DÓ QUEDARON, ¡COÑO!

Hombre, don Cristóbal: yo vide sus restos en La Habana y en Santo Domingo y Sevilla... ¿Os descuartizaron acaso?

(NO. PERO QUIÉN SABE CÓMO LE VAYA ESTE 1992..)

..o en Génova

LO ÚNICO CIERTO ES QUE MURIÓ EL 20 DE MAYO DE 1506 "ENTRE LA INDIFERENCIA GENERAL" Y CASI EN LA MISERIA...

*Urna de plata que contiene los restos de Colón, donada por la República Dominicana a la ciudad de Génova.*

..en la ciudad de Valladolid, Spain

■ Y QUE MURIÓ CONVENCIDO DE QUE HABÍA LLEGADO A LA INDIA Y CHINA

¡errare, humanum est, coño!

ESTE LIBRAJO NO INTENTA SER OTRA BIOGRAFÍA DEL FAMOSO NAVEGANTE, NI PRETENDE RESEÑAR EL MAL LLAMADO ASÍ DESCUBRIMIENTO DE AMÉRICA (de ambos temas se han escrito toneladas de libros y revistas).
¡Bendito sea Dios y su siervo Cristóbal!
LA INMENSA MAYORÍA DE LO QUE SE HA ESCRITO ESTÁ LLENO DE FALSEDADES DESTINADAS A PRESENTAR EL "DESCUBRIMIENTO" (Y AL DESCUBRIDOR) COMO UNA HAZAÑA PROPICIADA POR LA SANTÍSIMA TRINIDAD, LA DIVINA PROVIDENCIA, LA INMACULADA CONCEPCIÓN Y EL SUMO PONTÍFICE... (de todos muy devoto el Almirante)
¡GRAN ALMIRANTE DE LA MAR SALADA, POR FAVOR!

DESDE SIEMPRE SE NOS HA ENSEÑADO EN LA ESCUELA A RESPETAR Y ADMIRAR A DON CRISTÓBAL COLÓN Y EN NINGÚN LIBRO ESCOLAR SE DICE LA VERDAD DEL "DESCUBRIMIENTO" ÉSE, NI LO QUE RESULTÓ PARA LOS NATIVOS LA LLEGADA Y POSTERIOR CONQUISTA DE LOS ESPAÑOLES.

En seguida, un ejemplo de lo que se enseña en 1992 en un libro de Sexto Año en México

Cristóbal Colón obtuvo tres naves: la **Niña**, la **Pinta** y la **Santa María**.

El 3 de agosto de 1492, zarpó del Puerto de Palos al mando de la nave **Santa María**, con él iban los hermanos Pinzón, sus colaboradores, y 120 hombres más.

La flotilla salió con dirección a las Islas Canarias y se lanzó al gran océano.

Días y noches navegaron hacia lo desconocido. Durante dos meses lo único que vieron fue cielo y mar.

No había señales de tierra y el agua y la comida comenzaron a escasear, por lo que la tripulación empezó a inquietarse.

Finalmente, el **12 de octubre de 1492**, después de setenta y dos días de navegación, un tripulante de **la Pinta**, Rodrigo de Triana, gritó: **¡Tierra!** Habían llegado a tierras americanas.

## El arribo a tierras americanas

Colón desembarcó en una isla, se arrodilló y tomó posesión de ella en nombre de los Reyes Católicos.

Había llegado a la isla de **Guanahani**, a la cual bautizó con el nombre de San Salvador.

Como creía estar frente a las costas de India o China llamó indios a los nativos de la isla, quienes le regalaron pieles de animales, plumas de quetzal, conchas marinas y piedras de colores.

Después Colón descubrió otras islas, como Cuba y Haití, cuya variada flora y fauna lo asombraron.

Regresó a España llevando consigo algunos nativos, hermosos papagayos, frutas, pieles de serpientes, armas indígenas y canastas.

Los Reyes Católicos le dieron un recibimiento triunfal.

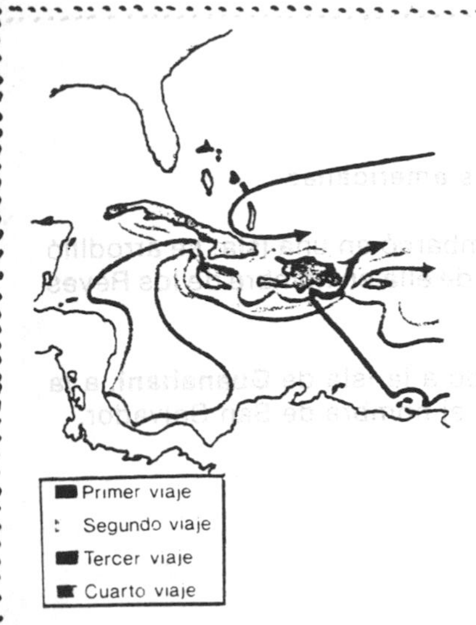
Primer viaje
Segundo viaje
Tercer viaje
Cuarto viaje

Gracias al éxito de su misión, Cristóbal Colón pudo organizar tres viajes más a tierras americanas.

Durante su segundo viaje regresó a Santo Domingo (La Española) y fundó la primera ciudad española en América, a la cual puso el nombre de Isabela.

En su tercer viaje pisó por primera vez tierra firme en el Continente Americano.

El éxito de sus expediciones provocó envidia e intrigas en la Corte Española.

Esto le hizo perder prestigio ante los Reyes Católicos, quienes le quitaron toda autoridad.

De su cuarto viaje volvió enfermo, su salud empeoró día a día y el 20 de mayo de 1506 murió en Valladolid con la creencia de haber llegado a tierras asiáticas.

La reina Isabel, su protectora, había fallecido tiempo atrás.

(de SOCIEDAD E HISTORIA 3/Gómez Infanzón/MÉXICO)

ESTOS TEXTOS DATAN
DEL LIBRO PARA
COLOREAR "COLÓN Y EL
DESCUBRIMIENTO DE
AMÉRICA" HECHO EN
ESPAÑA POR
MONTENA
(EDITOR).

En la época de Colón, los sabios ya intuían que la Tierra era redonda, gracias a los escritos de Tolomeo, un geógrafo griego del siglo II a C.

Pero ningún navegante se atrevía a cruzar el océano porque todos pensaban que los atacarían los monstruos marinos.

El Almirante Colón nació en 1451 y ya desde muy niño soñaba con navegar hacia Asia, pero sin tener que rodear África.

En 1486 decidió pedir a los reyes Isabel y Fernando que le pagaran un viaje de exploración para descubrir nuevas rutas.

Los Reyes Católicos, después de pensarlo mucho, decidieron apoyar al intrépido Colón y en 1492 le proporcionaron barcos y dinero.

Los barcos de Colón eran carabelas, se llamaban la Pinta, la Niña y la Santa María. El Almirante viajaba a bordo de la Santa María.

Las tres naves zarparon del puerto de Palos de la Frontera (Huelva) el 3 de agosto de 1492 con rumbo a las islas Canarias.

Al principio tuvieron buen tiempo, pero una noche una estrella fugaz surcó el cielo y asustó a los navegantes.

Un día Colón divisó una bandada de aves y decidió seguir su rumbo para intentar llegar a tierra firme.

Rodrigo de Triana, uno de los marineros de la Pinta, fue el primero en avistar tierra el 11 de octubre de 1492.

Las tres carabelas navegaron alrededor de una isla llamada Guanahaní. Colón decidió el lugar más apropiado donde echar anclas y allí clavó su estandarte.

Bautizó de nuevo la isla con el nombre de San Salvador; los habitantes que eran de la tribu Arawak se quedaron asombrados al ver llegar esas extrañas embarcaciones.

Al llegar a Haití, Colón decidió llamarla la Española y allí encontraron oro y metales preciosos que los indígenas sólo empleaban para hacerse adornos.

Pero también los españoles tuvieron sus sorpresas al ver cómo los indios fumaban cigarros hechos con hojas de tabaco.

Poco tiempo después y tras explorar San Salvador pusieron rumbo sudoeste en busca de nuevas rutas y con la esperanza de encontrar oro.

Primero llegaron a Cuba, que Colón confundió con Japón y después descubrieron más islas. En una de ellas vivían los caribes.

Al detenerse en algunas tierras para recoger provisiones tuvieron algunos enfrentamientos con los indígenas.

Pero de repente, una tormenta estalló y la fuerza de las olas separó las dos carabelas. A la mañana siguiente no quedaba rastro de la Pinta.

Después de este incidente Colón pensó que ya era hora de regresar a España y contar sus peripecias. Construyeron un fortín en Haití y se embarcaron rumbo a España en la Pinta y la Niña.

Colón fue recibido en Barcelona por toda la Corte y se le rindieron honores por su maravillosa hazaña.

Colón nunca supo que aquellas tierras descubiertas por él, no eran Asia sino América, un nuevo continente sin explorar que los geógrafos y aventureros posteriores se encargarían de dar a conocer.

Y COLORÍN COLORADO... TODOS VIVIERON FELICES...

YO NO LE VEO NADA DE MALO A ESA HISTORIA.. ¿ACASO NO FUE ASÍ EL DESCUBRIMIENTO?

AY PADRECITO ¿NO SABE USTED QUE LA HISTORIA LA ESCRIBEN LOS VENCEDORES?

→ en rigor, lo que dicen los libros con que nos educamos todos, es la "verdad"... pero es la verdad a medias, sin hablar de <u>lo malo</u> que ocurrió en el "Descubrimiento"..

Grabado contemporáneo al Descubrimiento.

¿PODÉIS DECIRME QUÉ OCURRIÓ DE MALO DURANTE EL DESCUBRIMIENTO DE LAS INDIAS..?

...Y AHORA UN COMERCIAL: YO, COLÓN, TOMO MUY SOLEMNE POSICIÓN, (PERDÓN) POSESIÓN DESTAS TIERRA
N

LA PRIMER BURRADA QUE NO SE DICE DEL ARRIBO DE COLÓN A LAS "INDIAS" ES ESO DE LA TOMADA DE POSESIÓN..

■ ¿CON QUÉ DERECHO TOMA POSESIÓN EN NOMBRE DE LOS REYES CATÓLICOS DE UNAS ISLAS QUE NO ERAN SUYAS..?

Insula hyspana

VED, QUE YO TOMÉ POSESIÓN EN NOMBRE DE SUS REALES MAJESTADES LOS REYES DE ESPAÑA..!
En su casa los conocen... ¿Y esos bueyes con qué derecho?
Reyes, no bueyes..¡PUES EL SUMO PONTÍFICE DIÓLES ESE DERECHO..!

..Y el Sumo Pontifice ése, o PAPA ROMANO, ¿con qué derecho regala lo que no es suyo..?

A MI **DIOS**, DUEÑO DE TODA LA TIERRA CUADRADA, ME NOMBRÓ SU REPRESENTANTE LEGAL Y LITERARIO, Y EN SU SANTO NOMBRE..
ALEXANDER.VI. PAPA. VALENTINVS. HISP.

O SEA, MUY FÁCIL: DIOS NOMBRÓ SU GERENTE GENERAL AL PAPA: ÉSTE NOMBRÓ REYES A LOS BUEYES ESOS, Y ELLOS NOMBRARON AL COLÓN DESCUBRIDOR OFICIAL CON AMPLIOS PODERES PARA DESCUBRIR (Y CUBRIR) A LAS INDIAS...

E SI LO DUDÁIS, PODÉIS LEER EN LA BIBLIA, ROMANOS 13:2, SALMOS 2:8 LO QUE OS DIGO..
?
?

DIFÍCIL ENCONTRAR MAYOR BURRADA EN LA HISTORIA:
LLEGA COLÓN A UNAS TIERRAS HABITADAS DESDE HACE MILES DE AÑOS..
..Y EN UNA LENGUA QUE NADIE ENTIENDE DICE A LOS DUEÑOS DE ESAS TIERRAS QUE ¡YA NO SON SUYAS!
(COMO VEN, MR. BUSH Y SUS MARINES SON POCO ORIGINALES)

→ como curiosidad histórica, échense un fragmento del modelo de "toma de posesión" utilizado por los españoles en América

---

"...DIOS HA PUESTO A SAN PEDRO COMO SEÑOR Y CAUDILLO DE LA RAZA HUMANA, Y DIOS HA DADO A ESTE SOBERANO PODER DE EXTENDER SU DOMINIO SOBRE TODAS LAS PARTES DEL MUNDO, Y DE SEÑOREAR SOBRE CRISTIANOS, MOROS, JUDÍOS Y PAGANOS. LLEVA EL NOMBRE DE PAPA, QUE QUIERE DECIR PADRE Y MAESTRO.

UNO DE LOS PONTÍFICES PASADOS, COMO SEÑOR DEL MUNDO, HIZO DONACIÓN DESTAS ISLAS Y TIERRA FIRME DEL MAR OCÉANO A LOS CATÓLICOS REYES DE CASTILLA, CON TODO LO QUE EN ELLAS HAY, SEGÚN SE CONTIENE EN CIERTAS ESCRITURAS QUE PODÉIS VER SI QUISIÉREDES. ASÍ Q. SU MAGESTAD ES REY Y SEÑOR DESTAS ISLAS.

POR ENDE OS RUEGO Y REQUIERO QUE ENTENDÁIS BIEN ESTO QUE OS HE DICHO Y TOMÉIS PARA ENTENDERLO EL TIEMPO QUE FUERE JUSTO..."

LA CATÓLICA
COLONIZADORA de BIENES RAICES SA de CV

(Apuradle Almirante, que se están durmiendo...

■ "..Y RECONOZCÁIS A LA IGLESIA POR SEÑORA Y SUPERIORA DEL UNIVERSO Y AL SUMO PONTÍFICE LLAMADO PAPA EN SU NOMBRE, Y A SU MAGESTAD EN SU LUGAR COMO REY Y CONSINTÁIS QUE ESTOS PADRES RELIGIOSOS OS PREDIQUEN LO SUSODICHO. Y SI ASÍ LO HICIÉREIS HARÉIS BIEN Y AQUELLO QUE SOIS TENIDOS Y OBLIGADOS, Y SU MAJESTAD Y YO EN SU NOMBRE OS RECIBIRÁ CON AMOR Y CARIDAD Y OS DEJARÁ VUESTRAS MUGERES E HIJOS LIBRES, SIN SERVIDUMBRE. SI NO LO HICIÉREIS Y EN ELLO DILACIÓN MALICIOSAMENTE PUSIÉREIS, CERTIFÍCOOS Q. CON EL AYUDA DE DIOS YO ENTRARÉ PODEROSAMENTE CONTRA VOS Y OS HARÉ GUERRA POR TODAS LAS PARTES Y MANERAS QUE PUDIERE, Y OS SUGETARÉ AL YUGO Y OBEDIENCIA DE LA IGLESIA Y DE SU MAGESTAD Y TOMARÉ VUESTRAS MUGERES E HIJOS, Y LOS HARÉ ESCLAVOS Y COMO TALES LOS VENDERÉ. Y TOMARÉ VUESTROS BIENES Y OS HARÉ TODOS LOS MALES Y DAÑOS QUE PUDIERE, COMO A VASALLOS QUE NO OBEDECEN NI QUIEREN RECIBIR A SU SEÑOR. Y PROTESTO QUE LAS MUERTES Y DAÑOS ....

(SE HABLA TANTO DE DIOS PORQUE LA CONDICIÓN DEL SEÑOR PAPA PARA REGALARLES A LOS REYES LO "DESCUBIERTO" ERA QUE **CRISTIANIZARAN** A SUS HABITANTES..)

de ahí viene la segunda burrada de colón: su **RACISMO**.

vamos, si no hablan como yo, ni creen lo que yo, ni comen lo que yo, ni visten como yo.. ¡deben ser seres inferiores!

POR CIERTO, LOS PRIMEROS INDÍGENAS QUE VIERON A COLÓN CREÍAN QUE ERA UN PAPAGAYO DE UNA ESPECIE SUPERIOR... Y AÚN ASÍ, LO RECIBIERON CON "RESPETO Y CURIOSIDAD", SIN TRATAR DE CONVERTIRLO NI NADA ASÍ..

Y HUELE PEOR QUE UN PERICO MOJADO..

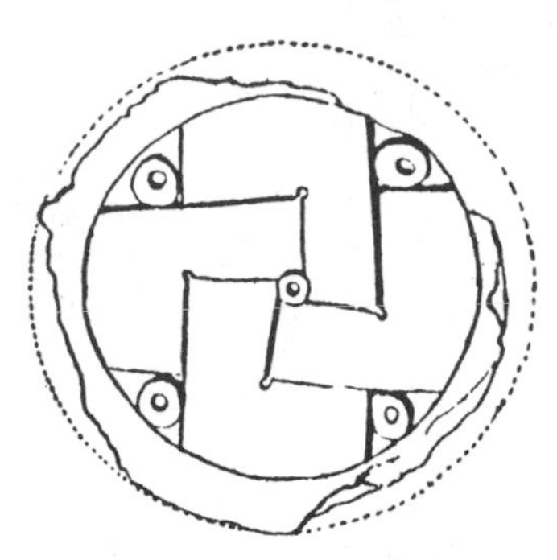

QUIENES HAN BAUTIZADO LOS 500 AÑOS DE LA INVASIÓN DE AMÉRICA COMO EL **ENCUENTRO DE 2 CULTURAS**, HAN OLVIDADO LO QUE SIGNIFICA LA PALABRA "ENCUENTRO": → acto de encontrarse dos personas para conocerse.

..Y EN EL ENCUENTRO DE COLÓN CON ESA CULTURA DESCONOCIDA, NO HUBO NUNCA LA MENOR INTENCIÓN DE ENTENDERLA O CONOCERLA..

AL CONTRARIO: COLÓN, FANÁTICO RELIGIOSO
ÁVIDO DE ORO, SE DEDICÓ ÚNICAMENTE A
JUNTAR TODO EL ORO POSIBLE PARA
PAGARLE A LOS REYES SU PRÉSTAMO
Y RECUPERAR SU PROPIA INVERSIÓN... TODO
DISFRAZADO COMO UNA "CRUZADA CRISTIANA"...

(Y COMO EN SUS PRIMEROS DOS VIAJES
CASI NO ENCONTRÓ ORO, LO SUPLIÓ
CON MERCANCÍA HUMANA: ESCLAVOS)

¡CALUMNIAS! COLÓN ERA CASI UN SANTO: MURIÓ CON EL HÁBITO FRANCISCANO!
CIERTO: HASTA LO QUISO CANONIZAR UN PAPA HACE POCO..
■ SÍ PUES: EL PAPA PIO IX INICIÓ EL PROCESO DE CANONIZACIÓN DE CRISTÓBAL COLÓN CON LA IDEA DE HACERLO SANTO.. ¿QUÉ PASÓ?

PUES NADA, QUE NOS HA REZULTAO BORRACHO, PARRANDERO Y JUGADOR, Y HASTA ESCLAVISTA Y MUY CODICIOSO...
(En cuanto el Vaticano se metió a investigar a fondo la vida y hazañas del Gran Almirante, se olvidaron de la idea de hacerlo San Cristóbal Colón)
.. SI HASTA ASESINO NOS HA REZULTAO..!!

En su primer viaje, Colón secuestró a 17 indios separándolos de sus familias para regalárselos a los Reyes.

CHRISTOPHORVS COLVMBVS LIGVR INDIARV PRIM' INVETR A 1492

COÑO: ERA PARA QUE VIERAN DE QUÉ ESTABAN HECHOS Y VER EN CUÁNTO SE PODÍAN VENDER..

Para animar a la gente a que fueran con él a las Indias, Colón prometía dos cosas: oro y esclavos. Así, en su segundo viaje juntó **1500** hombres entre marinos, soldados y aventureros...

¡AHORA SÍ.. NO QUE EN EL PRIMER VIAJE TUVIMOS QUE VACIAR LAS PRISIONES..!

Conueniunt rebus nomina sepe suis.

ASIMISMO FUE: NADIE QUERÍA IR EN LAS CARABELAS, E LOS REYES ME LAS LLENARON DE RATEROS, ASESINOS E OTROS PRESIDIARIOS QUE CON ESO RECUPERABAN SU LIBERTAD: O LA PRISIÓN O EL VIAJE A LO INCÓGNITO...
...Aquello es el Paraíso, señor mío: no hay impuestos, no hay aduanas, no hay proteccionismo. La mano de obra es GRATIS y las mujeres no usan brassiere, don Mendo!

→ ANTES DE VOLVER A ESPAÑA DE SU PRIMER VIAJE, COLÓN MANDÓ HACER EN LA ISLA DE HAITÍ UN FUERTE DE TRONCOS, DONDE DEJÓ VIVIENDO A 39 HOMBRES CON UN ENCARGO:

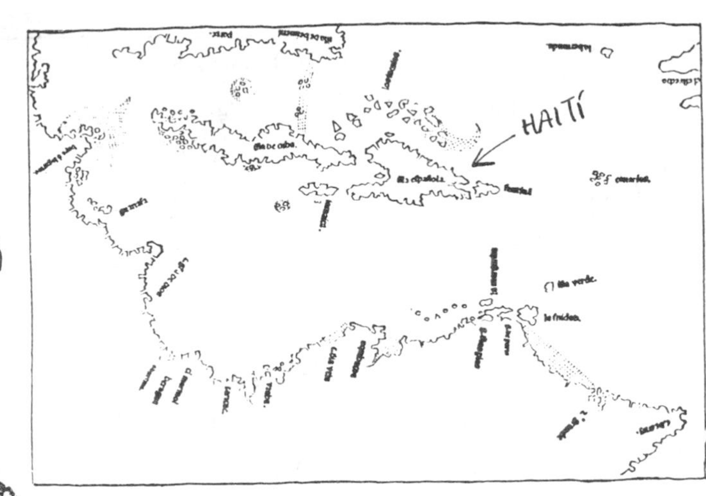
HAITÍ

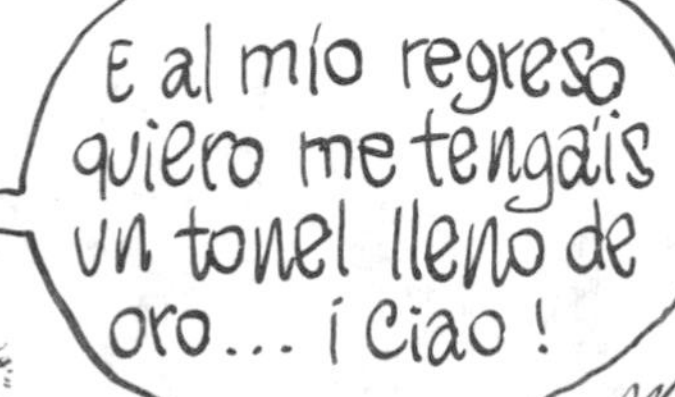
E al mío regreso quiero me tengáis un tonel lleno de oro... ¡Ciao!

SÍ JEFE, Y DECIDLE A LA DOLORES QUE NO ME OLVIDE..

PERO AQUELLOS GANDULES, TRUHANES Y PELAFUSTANES SE DEDICARON A VIOLAR MUJERES, A TORTURAR INDIOS PARA QUE LES ENTREGARAN EL ORO Y A PONERLOS A TRABAJAR COMO ESCLAVOS... HASTA QUE LOS ABORÍGENES SE CANSARON Y...

Pusimos en orden a aquellos blancos..

A SU REGRESO, COLÓN SE ENCONTRÓ QUEMADO EL FUERTE Y MUERTOS A SUS OCUPANTES: LOS INDÍGENAS CONTESTARON ASÍ A LAS CRUELDADES, AL ROBO DE SUS MUJERES Y AL ASESINATO DE SUS HOMBRES...

Nunca había guerras ni diferencias entre nosotros, hasta que llegaron ustedes españoles... ¿por qué?
HOMBRE, DON GUACANAGARÍ: ES QUE OS FALTA LA CIVILIZACIÓN CRISTIANA..
COLÓN INICIA LA TÁCTICA DE CONQUISTA QUE TANTO ÉXITO TENDRÁ MÁS TARDE CON HERNÁN CORTÉS Y PIZARRO: DIVIDIR Y ENFRENTAR A LAS TRIBUS DE LA ISLA...

En los dominios del cacique Guacanagarí -el generoso príncipe que ayudó a Colón a desencallar su barco- casi no hay oro. Sí lo hay y abundante en los dominios de Guarionex y Caonabo
GUARIONEX
GUACANAGARÍ
HAYTÍ
(LA ESPAÑOLA)
CAONABO
BEHECHIO
COTUBANAMÁ
Allá en el Cibao, dominio de Caonabo, hay ríos de oro!
COLÓN SE "ASOCIA" CON GUACANAGARÍ PARA QUE LO GUÍE AL CIBAO: LA CONQUISTA ENLOQUECE A LOS INVASORES... EL AFÁN DE ENCONTRAR ORO CUESTE LO QUE CUESTE CONVIERTE A COLÓN EN UN BUSCADOR DE ORO, EN UN CAZADOR DE ESCLAVOS PARA SER VENDIDOS EN ESPAÑA. ¡INVENTA REBELIONES INDÍGENAS PARA JUSTIFICAR LA ESCLAVITUD DE LOS "ALZADOS"..!!
Coño, es que el 10% de lo que envíe a los Reyes es para mí...!

LOS REYES HABÍAN NOMBRADO A COLÓN GOBERNADOR O ALGO ASÍ DE LA ISLA ESPAÑOLA (LO QUE HOY ES DOMINICANA-HAITÍ)
LO PRIMERO QUE QUISO COLÓN FUE EDIFICAR UNA CIUDAD AL ESTILO ESPAÑOL, CON IGLESIA, HOSPITAL, CASAS, MERCADO, etc.

e allá pondremos una casa fuerte para mí e otra para mi hermano Bartolomé y un negocio de pizzas y spaguettis, e luego una

PERO INMEDIATAMENTE SURGIÓ EL GRAN PROBLEMA: ¿QUIÉNES IBAN A TRABAJAR CONSTRUYENDO AQUELLO? DESDE LUEGO NO LOS ESPAÑOLES: NO IBAN A ESO !!!

vamoz, que yo he venido a hazer la América, o séaze a por el oro y las hembras que Dios Ntro. Sr. tenga a bien depararme..
e yo a lo mizmo, pero extraoficialmente, como comprenderéis..

LA SOLUCIÓN AL PROBLEMA ESTABA A LA MANO (de obra): LOS ABORÍGENES, DEBIDAMENTE ESCLAVIZADOS, TRABAJARÍAN POR ELLOS

Así los describe Colón:
"ellos no tienen armas y son todos desnudos y de ningún ingenio con las armas e muy cobardes, y son buenos para les mandar y les hacer trabajar y todo lo que fuere menester, y que hagan villas.."
COLÓN ESTABLECE PUES ENTRE "LOS INDIOS" EL TRABAJO FORZADO Y LOS REPARTE COMO ESCLAVOS ENTRE LOS HISPANOS..
YO QUIERO CIEN MACHOS Y 3 HEMBRAS, JEFE..
¿COLÓN ESCLAVISTA..??
ASÍ PARECE SER.

DICEN - PARA JUSTIFICAR SUS SALVAJADAS - QUE "CRIMENES SON DEL TIEMPO Y NO DE ESPAÑA"...

En ese tiempo la esclavitud estaba de moda..

ESPAÑA ACABABA DE PASAR 2 GUERRAS DE CONQUISTA: UNA PARA EXPULSAR A LOS ÁRABES (de Reconquista, mejor dicho) Y OTRA PARA APODERARSE DE LAS ISLAS CANARIAS DONDE HICIERON MILES DE ESCLAVOS ENTRE LOS GÜANCHES, DUEÑOS DE ESAS ISLAS...

Vamos, si hasta los PAPAS tenían esclavos...

■ LAS FAMOSAS CRUZADAS NO ERAN OTRA COSA QUE GUERRAS DE CONQUISTA CON LAS QUE EUROPA SE HACÍA DE AMPLÍSIMOS TERRITORIOS CON TODO Y GENTE (PAGANOS, PUES...)

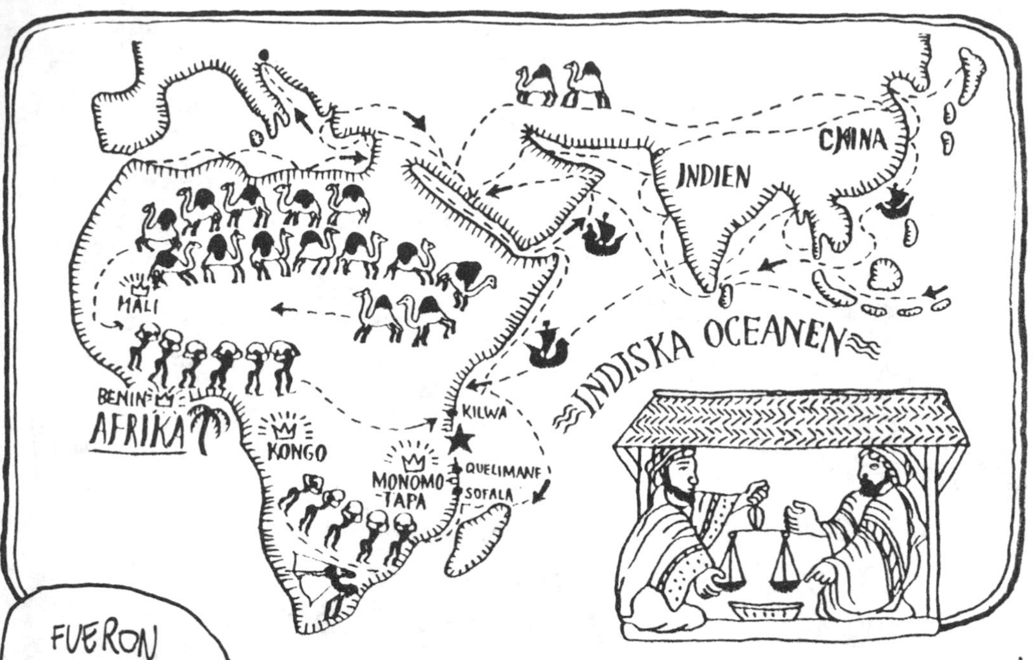
CHINA
INDIEN
INDISKA OCEANEN
MALI
BENIN
AFRIKA
KONGO
KILWA
MONOMO-TAPA
QUELIMANE
SOFALA

FUERON LOS INICIOS DEL COLONIALISMO, DEL "DESCUBRIMIENTO" DEL ÁFRICA, LA INDIA Y CHINA, QUE EUROPA DECIDIÓ "CRISTIANIZAR" POR LA FUERZA..

ERA EL MERO TIEMPO EN QUE CUALQUIER REY EUROPEO SE AUTOPROCLAMABA REY "POR MANDATO DE DIOS", Y EN CONSECUENCIA DUEÑO DE TODO LO Q. SE MOVÍA..

Tenemos el Divino encargo de Cristianizar a todos por su bien

(Y POR EL NUESTRO, SOBRE TODO..)

■ PORQUE CON EL DIVINO PRETEXTO DE VOLVER CRISTIANOS A LOS NATIVOS DE OTROS COLORES DISTINTOS AL BLANCO, LOS EUROPEOS HICIERON FEROCES GUERRAS A TURCOS, MOROS, NEGROS Y ASIÁTICOS, QUE NI LA DEBÍAN NI LA TEMÍAN...

¿No será pecado matar a tantos paganos, mon capitán...?
..NO, ASÍ SE VAN MÁS RÁPIDO AL CIELO..!
SOLTAD EL ORO Y ASÍ NO OS CONDENÉIS

■ ASÍ, INGLATERRA, FRANCIA, ALEMANIA, PORTUGAL, HOLANDA, ITALIA Y EL PODEROSO VATICANO SE HICIERON DE RIQUÍSIMOS TERRITORIOS CON MILLONES DE ESCLAVOS...

¡OSÚ DE MI ARMA! ¿NOSOTROS NO VAMOS A CRISTIANIZAR?
SÍ QUE SÍ, CATÓLICA ISABEL: ¡A ESO HA IDO COLÓN!

PARA RECUPERAR EL TIEMPO PERDIDO ANTE EL RESTO DE EUROPA, FUE QUE LOS REYES DE ESPAÑA PAGARON LOS VIAJES DE COLÓN..
(NO LO DIGÁIS TAN CRUDO DELANTE DE LOS CRIADOS, DON MENDO) DECID MEJOR QUE ES UNA CRUZADA EVANGELIZADORA Y CRISTIANA!



SI HUBIERA SIDO UNA CRUZADA EVANGELIZADORA PARA CONVERTIR A LOS PAGANOS A LA FE CRISTIANA, ¿POR QUÉ LA ESPADA PRECEDIÓ SIEMPRE A LA CRUZ?

...........................................................................

■ ¿POR QUÉ NO MANDARON AL NUEVO MUNDO CIEN CARABELAS LLENAS DE MONJES, CURAS Y OBISPOS?

¿POR QUÉ CRISTIANIZAR A CAÑONAZOS?

...........................................................................

¿QUIEN CARAJOS ESTÁ METIENDO EL DESORDEN EN ESTA CELEBRACIÓN DE LOS 500 AÑOS?

¿QUIÉN OSA DECIR QUE EL DESCUBRIMIENTO DE AMÉRICA SÓLO FUE UNA GUERRA DE INVASIÓN Y DE RAPIÑA...???

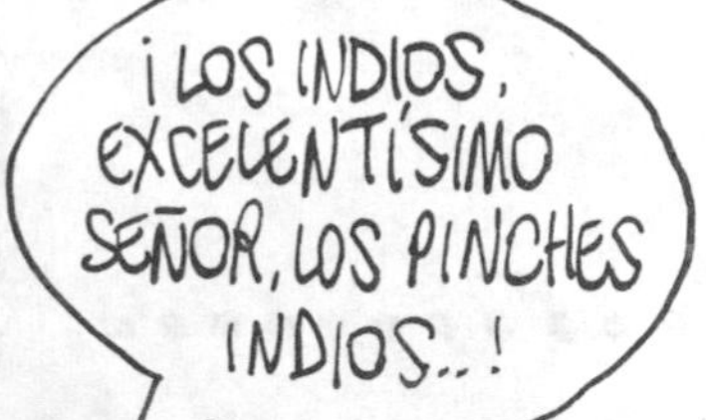
¡LOS INDIOS, EXCELENTÍSIMO SEÑOR, LOS PINCHES INDIOS...!

¿YA VEIS? OS DIJE QUE NO LOS DEJARAN LEER LIBROS DE AUTORES ATEOS Y HEREJES!

¿CUÁLES ATEOS? ESTAMOS LEYENDO NUESTROS LIBROS DE HISTORIA...!

DURANTE 450 AÑOS LA "HISTORIA" DE COLÓN NOS FUE DICTADA POR ESPAÑA Y ROMA (Y LA COMPLICIDAD DE LOS GOBERNANTES DE LA AMÉRICA "HISPANA"..)

Y apenas en los últimos años se han podido conocer los testimonios guardados, escondidos y archivados de las víctimas del cristiano "descubrimiento"!... es decir, ya tenemos →

LA VISIÓN DE LOS VENCIDOS

Poco a poco han estado apareciendo las versiones "no oficiales" de lo que sintieron y sufrieron los dueños de esas tierras que graciosamente los papas católicos obsequiaron a los reyes españoles vía Cristóbal Colón y demás mafiosi...

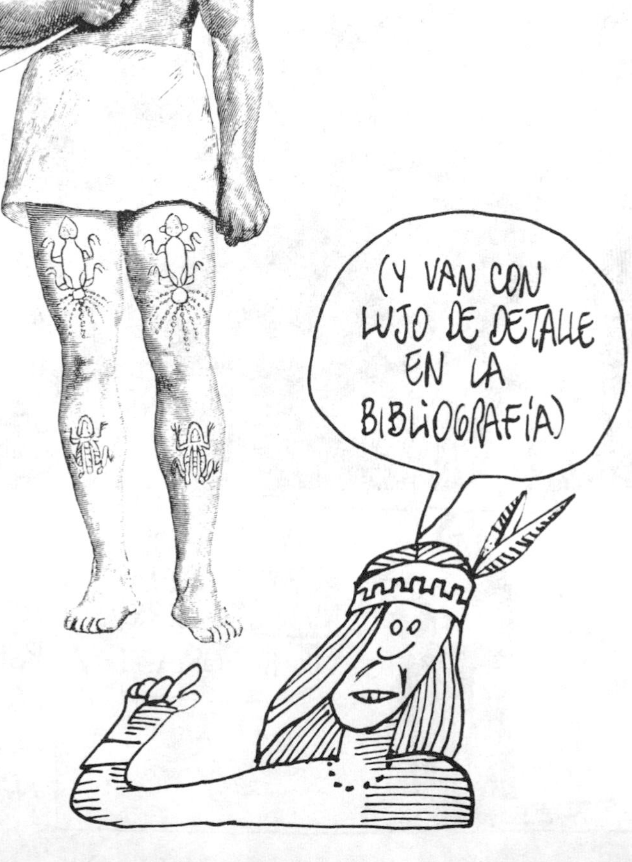
(Y VAN CON LUJO DE DETALLE EN LA BIBLIOGRAFÍA)

GRACIAS A ESAS VOCES DEL PASADO PODEMOS ECHAR AL BASURERO DE LA HISTORIA LAS HISTORIAS VATICANO-HOLYWOODESCAS QUE PRESENTAN A CRISTÓBAL COLÓN COMO UN HÉROE CASI SANTO QUE NOS HIZO EL FAVOR DE CRISTIANIZARNOS..

¡Hombre universal, soñador y visionario!
"SU HAZAÑA FUE LA MAYOR COSA DESPUÉS DE LA CREACIÓN DEL MUNDO, SACANDO LA ENCARNACIÓN Y MUERTE DEL Q. LO CREÓ.."
COLÓN
COLÓN REALIZÓ UNA BRILLANTÍSIMA OBRA QUE LLENÓ DE GLORIA A ESPAÑA..
Los más beneficiados del Descubrimiento fueron los nativos que así tuvieron acceso a nuestra santa Religión..

AHORA SABEMOS, POR LO CONTRARIO, QUE
COLÓN NO SÓLO FUE EL PRIMER RACISTA Y
ESCLAVISTA... TAMBIÉN FUE EL PRIMER CONQUISTADOR
QUE MANDÓ QUEMAR VIVOS A LOS DIZQUE
"PRISIONEROS DE GUERRA" INDÍGENAS Y EL
PRIMERO QUE UTILIZÓ PERROS DE
PRESA CONTRA LOS ABORÍGENES..

Y DECIDLE A
DON HERNÁN CORTÉS
QUE YA PATENTÉ
EL SISTEMA PA
AHORRAR BALAS

→ ESE MISMO COLÓN AL Q. LE HAN LEVANTADO MONUMENTOS EN MEDIO MUNDO, INCLUSO EN LA ISLA DE HAITÍ ASOLADA POR ÉL, ES EL MISMO QUE HIZO ESTE ORDENAMIENTO:

y ordeno que todos los vecinos de las minas de oro con más de 14 años entreguen cada 3 meses oro en la cantidad estipulada..


"Y que cada tributario se cuelgue del cuello una moneda de cobre en la que se le marcará su entrega. Y el que no la trajese habrá de ser castigado..."
(El cristiano castigo era cortarles las manos..)

■

→ ES EL MISMO COLÓN CON PLAZAS Y CALLES CON SU NOMBRE QUIEN PROPONE A LOS REYES CATÓLICOS PAGARLES CON ESCLAVOS LA INVERSIÓN DEL "DESCUBRIMIENTO"!..

Lo que habría que discutir es si sería por kilo o por pieza..

ES EL MISMO COLÓN QUE LA IGLESIA PRETENDÍA "SANTIFICAR", QUIEN EN ABRIL DE 1495 EMBARCA MÁS DE 500 INDIOS PARA VENDERLOS COMO ESCLAVOS EN ESPAÑA. SÓLO LLEGARON VIVOS 189...
"Al penetrar en aguas españolas se nos murieron más de 200 de los dichos indios, que arrojamos al mar, y creo que la causa de ello fue el frío al que no están acostumbrados.."
¿..MAL NEGOCIO PARA EL ALMIRANTE? NO TANTO: YA HABÍA LOGRADO ENVIAR MÁS DE 2 MIL ESCLAVOS...
PARA APLACAR EL DESCONTENTO DE LOS NATIVOS, COLÓN ORDENA A SUS CAPITANES PACIFICAR LA ISLA "AL PRECIO QUE FUERE"...
"PACIFICAR" INDIOS QUIERE DECIR PONERLOS A DESCANSAR EN PAZ..

¿Y qué tal le resultó al Almirante la PACIFICATION?

¡de aupa! Está mandando hasta 4 mil esclavos al año..!

SEGÚN EL CENSO ORDENADO POR COLÓN PARA EL COBRO DE LOS TRIBUTOS A LOS INDIOS, EL NÚMERO DE ÉSTOS EN LA ESPAÑOLA EN 1494 SUPERABA EL MILLÓN Y MEDIO.

****************

TRAS LA PACIFICADA, EL MISMO COLÓN LE INFORMÓ AL OBISPO DEZA DE SEVILLA, QUE EN LA ESPAÑOLA HABÍAN 1 MILLÓN 100 MIL INDÍGENAS...

(TODOS TRABAJANDO GRATIS PARA LOS CONQUISTADORES)

****************************

"...SON GENTE DE AMOR Y SIN CODICIA, Y CONVENIBLES PARA TODA COSA, QUE CERTIFICO A VUESTRAS ALTEZAS QUE EN EL MUNDO CREO QUE NO HAY MEJOR GENTE NI MEJOR TIERRA: ELLOS AMAN A SUS PROJIMOS COMO A SI MISMOS Y TIENEN UNA HABLA LA MAS DULCE DEL MUNDO Y MANSA, Y SIEMPRE CON RISA..."

Carta de colón a los Reyes / 1492

A ESA GENTE, "LA MEJOR GENTE", SOMETIÓ COLÓN A UN RÉGIMEN DE TRABAJO FORZADO, COMO EN LOS MEJORES CAMPOS DE CONCENTRACIÓN DE LA ALEMANIA NAZI O DE SUDÁFRIKA... SIN ESTAR LOS NATIVOS ACOSTUMBRADOS AL BESTIAL RITMO.

MILES MURIERON POR LAS RUDAS CONDICIONES Q. LES IMPONÍAN LOS ESPAÑOLES, Y MILES HUYERON A LA SELVA, PREFIRIENDO MORIR DE HAMBRE A SER ESCLAVOS DEL ORO Q. TANTO ANSIABAN LOS GALLEGOS CRISTIANOS DE DON COLÓN...

Bah: no son más que indios..

TODO EL "GOBIERNO" DE COLÓN FUE UN DESASTRE, PARA ÉL, PARA LA CORONA, Y SOBRE TODO PARA LOS HABITANTES DEL "NUEVO MUNDO"!..

LOS 4 VIAJES, QUE COSTARON UN DINERAL, NO PRODUJERON LAS GANANCIAS Q. COLÓN PROMETIERA..
¡SÓLO HASTA MÉJICO HABRÍA ORO A LO BESTIA!
HABÍA CIENTOS DE QUEJAS EN LA CORTE CONTRA ÉL Y SU LOCA Y AUTORITARIA Y CRUEL MANERA DE GOBERNAR.

COLÓN NO HABÍA RESPETADO LOS DESEOS REALES DE MANTENER A LOS INDIOS "EN BENIGNA SUJECIÓN" Y SUS ABUSOS Y CRUELDAD HABÍAN LLEGADO A LOS REALES OÍDOS DE LOS REYES.

LOS REYES ESTABAN HASTA LA CORONILLA DE CARGAR CON LOS GASTOS, LOS ERRORES Y LAS DISPUTAS DE COLÓN Y SU FAMILIA CON LOS FUNCIONARIOS ENVIADOS A LA ESPAÑOLA..
Pa'mí que se está robando el oro... ¡porca Madonna!
..y los esclavos se mueren a la primer nevada o a la primer fabada..!
¿Y dó están las especias prometidas e las maderas preciosas?
Y sólo ha cristianado a puros indios muertos..!
COLÓN LES ESTABA SALIENDO MÁS CARO QUE EL MÉDICO DE SU HIJA JUANA LA LOCA..!

CON RAZÓN EL REY DON JUAN DE PORTUGAL LO CONSIDERABA UN SIMPLE CHARLATÁN Y CHALAO..

EN 1498 SUS ~~ANGOSTAS~~ AUGUSTAS MAJESTADES DECIDIERON TRAERLO DE REGRESO Y PEDIRLE CUENTAS...
LA CORONA ESTABA EN SERIOS PROBLEMAS FINANCIEROS Y LOS REYES YA ESTABAN PENSANDO EN POSAR PARA LOS PINTORES DE NAIPES Y BARAJAS..

Porca miseria

COLÓN SUFRIÓ LA HUMILLACIÓN DE SER ENCADENADO Y LLEVADO ASÍ A ESPAÑA. LA INGRATITUD DE LOS REYES PARA QUIEN LES HABÍA CONQUISTADO LA ENTRADA AL MAYOR IMPERIO DEL MUNDO NO TUVO MOTHER...
mejor me muero..

HACIENDO UN RÁPIDO RESUMEN DE LO QUE SIGNIFICÓ PARA LOS HABITANTES DE LAS ISLAS "DESCUBIERTAS" POR EL ALMIRANTE, LA PALABRA SERÍA PROHIBIDA INMEDIATAMENTE POR GROSERA Y AGRESIVA. (en cualquier idioma..)

LES TRAEMOS SENSACIONAL OFERTA DE INTRODUCCIÓN EN ABONOS FÁCILES Y A PRECIO DE FÁBRICA..!

■ DIREMOS MEJOR QUE AQUELLOS POBRES INDÍGENAS FUERON LAS VÍCTIMAS DE UNA VIL EMPRESA COMERCIAL LLAMADA "CIVILIZACIÓN CRISTIANA", CUYOS AGENTES VIAJEROS NO FUERON CAPACES - CON SUS ODIOS, SUS IDEAS ESTRECHAS, SU VIEJA Y FANÁTICA RELIGIÓN INTOLERANTE - DE ENTENDER EL NUEVO MUNDO CON QUE SE HABÍAN TOPADO...

HABLEMOS DE HOMBRE A HOMBRE

de todos modos yo digo que colón fue un hombre de suerte..
¿CUAL SUERTE? MURIÓ SOLO Y POBRE, LE QUITARON SUS TÍTULOS Y ENCIMA LE PUSIERON **AMÉRICA** A LO QUE DESCUBRIÓ..!!

■ PUES SÍ, PERO AUN CUANDO NO SUPO LO QUE SE ENCONTRÓ, NI SUPO COMPORTARSE COMO UN HOMBRE DECENTE, NI FUE UN MODELO DE GOBERNANTE NI DE CRISTIANO.. ¿CUÁNTAS CIUDADES, PUEBLOS, CALLES, PLAZAS Y HASTA PAÍSES (COLOMBIA) LLEVAN SU NOMBRE..? (HASTA HOY... VEREMOS QUÉ PASA EN **1993**..)

chapter # 2

# ¿Y QUÉ TAL SI LOS AZTECAS HUBIERAN DESCUBIERTO ESPAÑA...?

ÓRALE: O LE REZA A TLÁLOC Y LA MADRE TONANTZIN O...
SORRY: YO NO HABLO NÁHUATL
CADIZ


■ CAPÍTULO DONDE SE VE Y SE TRATA —SEGÚN LA IDEA DE "EL FISGÓN" MI CUATE— LO QUE HUBIERA SIDO LA HISTORIA AL REVÉS VOLTEADA...

SI LOS AZTECAS HUBIERAN CONQUISTADO ESPAÑA, QUIZÁS SE LLAMARIA EXPAÑA O NUEVO AZTLÁN O NUEVA TENOCHTITLÁN, Y HUBIERAN OBLIGADO A LOS HISPANOS A BAÑARSE DOS VECES AL DIA, A TRAGAR CAMOTE Y A COMER ENCHILADAS Y TACOS DE NOPALES...

Y.. SI LOS AZTECAS LOS HUBIÉRAMOS IDO A CIVILIZAR, RIUS NO ESTARÍA HACIENDO ESTE LIBRAJO, ASÍ QUE MEJOR "AHÍ MUERE" ¿NO?

(fin del capítulo DOS)

O POSIBLEMENTE SE LE HUBIERA APARECIDO EL INDIO JUAN DIEGO AL PASTOR FELIPE ERRECONERRECHEA PARA PEDIRLE UN TEMPLO DEDICADO A LA MADRE TONANTZIN, Y BARCELONA SE LLAMARÍA PARANGARICUTIRO Y NO HABRÍA QUE SACAR VISA PARA IR A LAS OLIMPIADAS...

# CAPÍTULO #3

Donde se ve con lujo de detalles cómo los españoles, por no saber náhuatl, confundieron la Civilización Meshica con la Civilización China...

¡CHINA TU POBLANA MADRE @*%#!

Habrá que perdonarle a Colón por no saber dónde quedaba América...
ACÁ TAMPOCO SABÍAMOS POR DÓNDE QUEDABA EUROPA..

Y ES QUE LOS EUROPEOS ESTABAN TAN ATRASADOS EN MATERIA DE GEOGRAFÍA, QUE CREÍAN QUE EL MUNDO ERA CUADRADO E INMÓVIL... QUE EXISTÍAN SIRENAS Y UNICORNIOS Y QUE DIOS SÓLO HABÍA CREADO A LOS BLANCOS CON ALMA...

Y que los de otro color: chinos, árabes, negros o café con leche eran animales inferiores..
CON DECIRLES QUE EN TODA EUROPA SE ESTUDIABA LA BIBLIA COMO LIBRO "CIENTÍFICO", ESTÁ DICHO TODO...

NORTH POLE
MEDITERRANEAN SEA
RED SEA

LA PARTE BLANCA ERA LO ÚNICO QUE LOS EUROPEOS CONOCÍAN DEL MUNDO QUE LOS RODEABA. LAS CRUCES BLANCAS SEÑALAN PAÍSES DE LOS QUE ALGO SE SABÍA POR LOS VIAJES DE MARCO POLO...

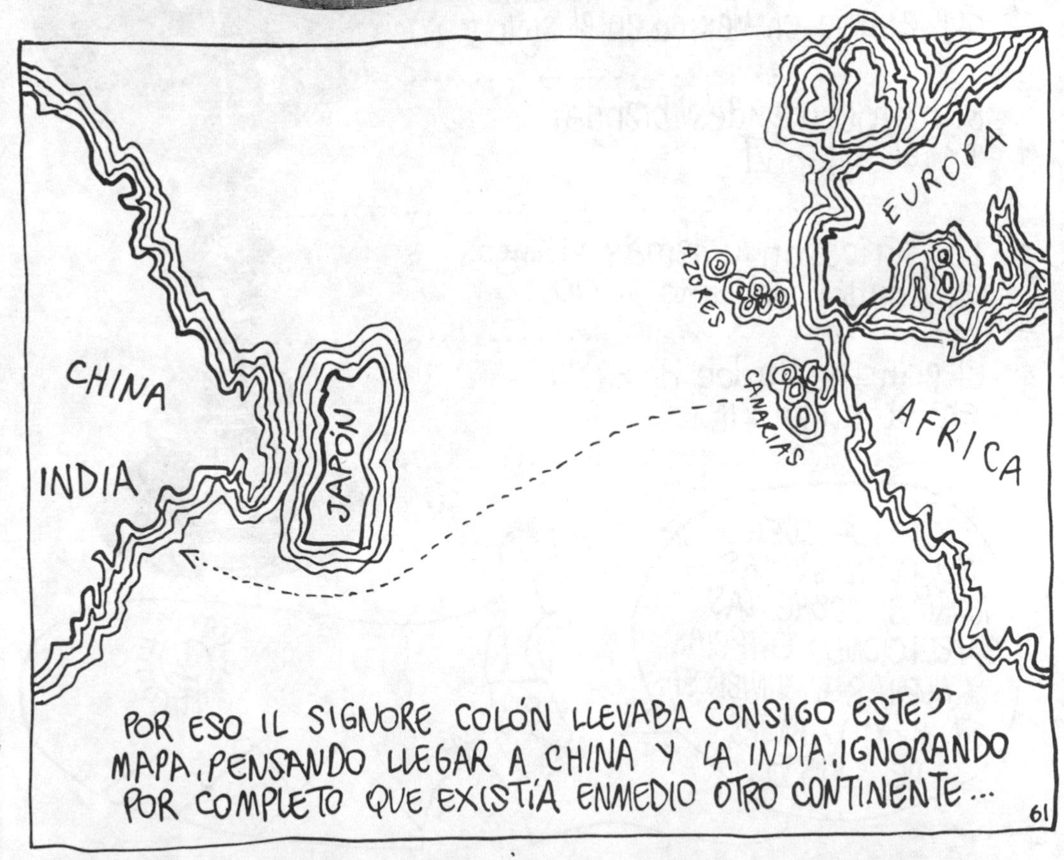
CHINA
INDIA
JAPÓN
AZORES
CANARIAS
EUROPA
AFRICA
POR ESO IL SIGNORE COLÓN LLEVABA CONSIGO ESTE MAPA, PENSANDO LLEGAR A CHINA Y LA INDIA, IGNORANDO POR COMPLETO QUE EXISTÍA ENMEDIO OTRO CONTINENTE...

IGNORABA TAMBIÉN QUE ESE CONTINENTE YA HABÍA SIDO "DESCUBIERTO" POR MUCHA GENTE DE OTROS PAÍSES; POR EJEMPLO:

1 Pescadores japoneses llegaron a costas americanas 3000 años antes de Cristo (al Ecuador)

2 Judíos que huían de la persecución romana en el siglo II después de J.C.

3 El monje Budista chino Hui-Shen que estuvo en México en el siglo V (?)

4 El monje irlandés Brendan en el siglo VI.

5 Leif Ericsson y demás vikingos alrededor del año 1000.

6 El príncipe Madoc de Gales en el siglo XII.

Y DESDE LUEGO NO OLVIDAR LAS TEORÍAS SOBRE LAS EXPEDICIONES EGIPCIAS Y NUBIAS Q. VINIERON A MÉXICO ANTES DE CRISTO..

RESULTA POR ELLO RIDÍCULO Y GROTESCO CELEBRAR LOS 500 AÑOS DE UN DESCUBRIMIENTO QUE NO EXISTIÓ, Y MÁS CRUEL Y RIDÍCULO QUE EN AMÉRICA SE CELEBRE COMO UN "MAGNO ACONTECIMIENTO"... FESTEJANDO AL 1er CAUSANTE DE LA DESTRUCCIÓN INDÍGENA..

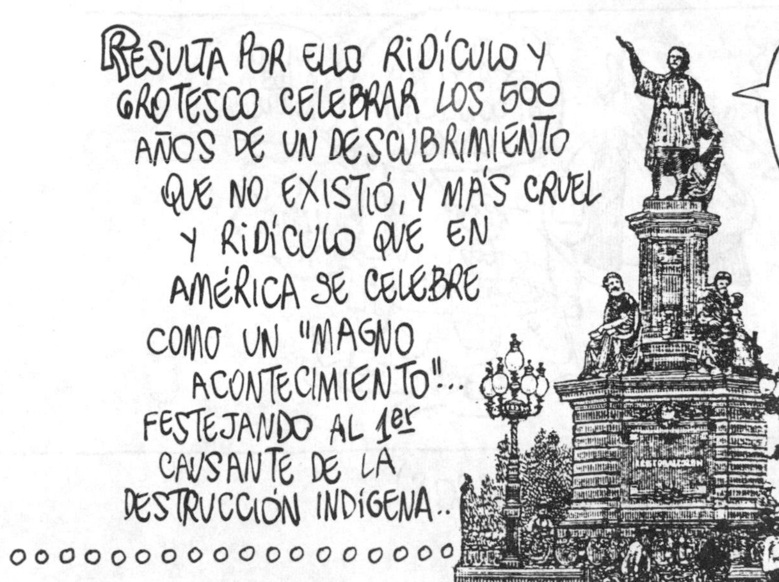
¡ESTÁ BIEN: LES JURO QUE NO LO VUELVO A HACER!

oooooooooooooooooooooooooo

■ RESULTA PUES NATURAL QUE NI COLÓN NI TODOS LOS QUE LO SIGUIERON IGNORARAN LA EXISTENCIA DE TODA UNA <u>CIVILIZACIÓN</u> QUE SE VENÍA DESARROLLANDO EN AMÉRICA **VEINTE SIGLOS** ANTES QUE ELLOS LLEGARAN...

¿UNA CIVILIZACIÓN? YO DIRÍA QUE **TRES** CIVILIZACIONES..
CLARO: LA MAYA LA INCA Y LA AZTECA. ¡PERDÓN!

¿Pero de qué civilización me habláis? Esos indios ni siquiera conocían la rueda...!
NI TENÍAN ESCRITURA, NI CONOCÍAN EL CABALLO
NI LOS CALLOS A LA MADRILEÑA..
NI EL VINO..

(NI LAS VACAS Y BORREGOS Y PUERCOS) TAMPOCO CONOCÍAN LOS BARCOS, NI LA PÓLVORA, NI LA IMPRENTA, NI LAS ARMAS DE FUEGO, NI EL ACERO...

¡Y ANDAN MEDIO DESNUDOS: CIERRA EL OJO, RAPHAEL..!
¡SON SALVAJES, NO CIVILIZADOS..! NI SIQUIERA SABEN QUIÉN ES EL VERDADERO DIOS...

→ DESDE EL PUNTO DE VISTA OCCIDENTAL PODRIA PARECER LA CIVILIZACIÓN INDÍGENA UN TANTO "ATRASADA" RESPECTO A EUROPA, PERO SE LES OLVIDA UNA COSA IMPORTANTÍSIMA:

¡ESTA NUESTRA CIVILIZACIÓN LA HICIMOS SOLOS, AISLADOS Y SIN INFLUENCIA EXTRANJERA!

→ LA CIVILIZACIÓN EUROPEA FUE RESULTADO DE LA FUSIÓN DE MUCHAS CIVILIZACIONES ANTERIORES Y CRISOL DE MUCHAS CULTURAS. EN EUROPA INFLUYERON MUY DIVERSOS PUEBLOS:

HEBREOS, FENICIOS, EGIPCIOS, GRIEGOS..

GALOS, ROMANOS, OTOMANOS, ÁRABES, CELTAS, NORMANDOS, VIKINGOS, ¡UF!

TANTA GUERRA Y TANTA INVASIÓN SIRVIERON AL MENOS PARA INTERCAMBIAR INVENTOS Y EXPERIENCIAS..
Y ANIMALES Y PRODUCTOS AGRÍCOLAS..


ASÍ, EUROPA SE BENEFICIÓ DOMINANDO A OTROS PUEBLOS DE QUIENES SE APROPIÓ DE SUS LOGROS MATERIALES Y CULTURALES, DE SUS MATERIAS PRIMAS Y EN MUCHOS CASOS DE SUS GENTES Y TERRITORIOS..

Sí: muchos adelantos, pero ¿en beneficio de quiénes?

PUES Y LOS SEÑORES FEUDALES..
LOS REYES Y NOBLES, LA STA. MADRE IGLESIA
SHHHT, TE VAN A OIR..
"BRUJA"

ES MUY IMPORTANTE PARA ESTA HISTORIA DEL ENCUENTRO DE 2 CIVILIZACIONES CONOCER CÓMO ERA LA SOCIEDAD EUROPEA EN ESE TIEMPO

Era una Sociedad Feudal !

CON SIERVOS Y ESCLAVOS. DONDE LA TIERRA ERA DE UNOS CUANTOS (REYES Y PAPAS), DONDE MILLONES SE MORIAN POR FALTA DE HIGIENE Y EXCESO DE SUPERSTICIONES Y DONDE QUEMABAN VIVAS -POR BRUJAS- A LAS MUJERES...

REALMENTE EL VERDADERO DUEÑO DE EUROPA ERA EL **PAPADO**

SÓLO HASTA LA APARICIÓN DE LUTERO Y LA REFORMA PROTESTANTE (1520) LAS COSAS CAMBIARON ALGO EN EUROPA..

DONN P. CRANE

¡Pero no en españa! La Perestroika luterana no entró acá..

■ ESPAÑA –NO OLVIDARLO TAMPOCO– ACABABA DE EXPULSAR A LOS ÁRABES Y JUDÍOS DE SU TERRITORIO, RECIÉN HABÍA CONQUISTADO A SANGRE Y FUEGO LAS ISLAS CANARIAS Y SE MANTENÍA FIEL AL IMPERIO VATICANO CORRUPTO (O AL CORRUPTO IMPERIO VATICANO, PUES)...

hombre, pues es que el papa es español...... (Y. BORGIA)

SÍ INDIOS: OS TOCÓ SER CONQUISTADOS POR LA **PEOR** PARTE DE LA CIVILIZACIÓN OCCIDENTAL..!
..Y POR LOS MÁS BESTIAS DE ESA PEOR PARTE: LA SOLDADESCA ESPAÑOLA..
¿Y QUIÉN QUERÍAIS QUE OS CONQUISTARA? ¿HERMANAS DE LA CARIDAD?
■ NO SE TRATABA DE ELEGIR POR QUIÉN SER CONQUISTADOS (YA PA'QUÉ..) SINO DE HACERLE SABER AL LECTOR POR QUÉ LA CONQUISTA DE AMÉRICA FUE TAN SANGUINARIA Y BURRICIEGA...

SÓLO POR SU IGNORANCIA NOS EXPLICAMOS POR QUÉ NO VIERON LO QUE TENÍAN ENFRENTE...

SÓLO ASÍ, SABIENDO LA CLASE DE GENTE QUE HIZO LA CONQUISTA, SE PUEDE UNO EXPLICAR POR QUÉ NO VIERON EL TAMAÑO DE LA CIVILIZACIÓN QUE HABÍAN DIZQUE "DESCUBIERTO"... ¡SU INTOLERANCIA Y FANATISMO CATÓLICOS LES CERRÓ SUS LAGAÑOSOS OCLAYOS!

COMO NO VIERON NADA CONOCIDO, CREYERON QUE NO ESTÁBAMOS CIVILIZADOS, ¡COÑO!
"Como sin saber nada de ellos y el orden en el que vivían, entramos con la espada sin oírles ni entenderles y sin que nos merecieran reputación las cosas de los indios, sino como de caza habida en el monte y traída para nuestro servicio y antojo..."
P. JOSEPH DE ACOSTA

→ ¡COMO SI ESTAS "COSAS DE LOS INDIOS" PUDIERAN SER HECHAS POR SALVAJES E INCIVILIZADOS, COÑO DE NUEVO!

MÁS "SALVAJES" EJEMPLOS..

¿SALVAJES LOS QUE DIBUJABAN ESTAS MARAVILLAS, O LOS QUE LAS DESTRUÍAN?

SI NI LOS DISEÑADORES GRÁFICOS MODERNOS Y CREATIVOS HAN LOGRADO ESTA INCREÍBLE SÍNTESIS DE FORMA!

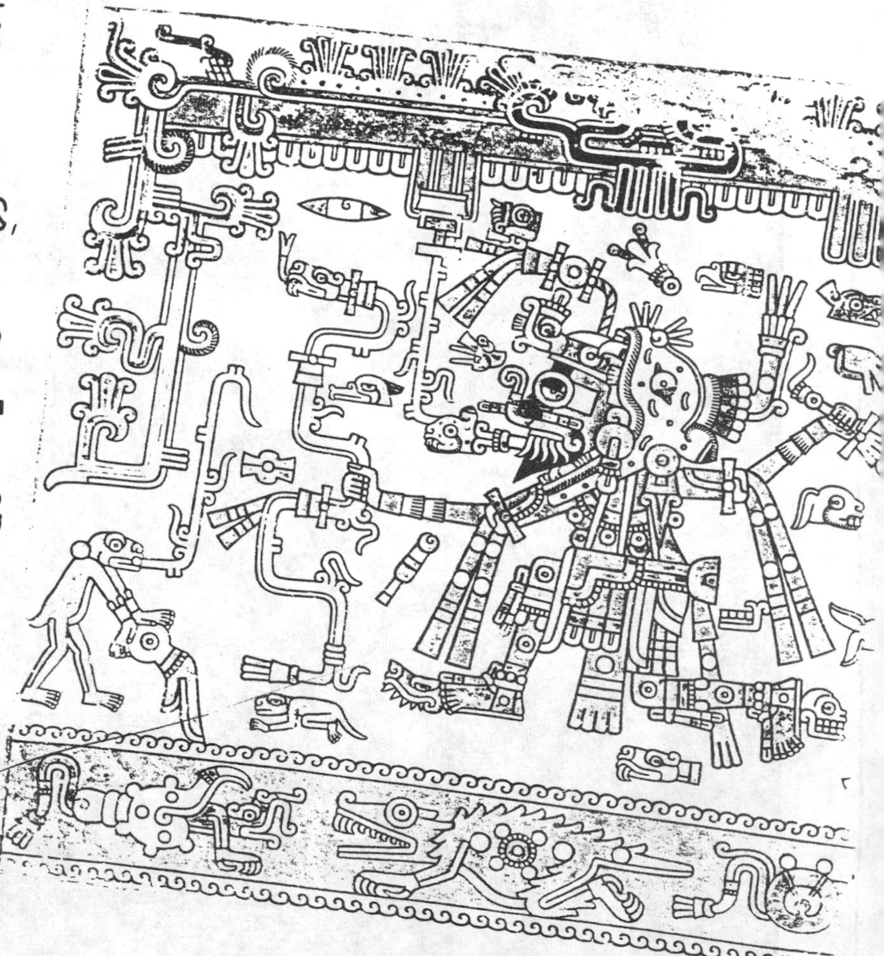

¿ARTE
MODERNO
DE LOS
SALVAJES
DEL
SIGLO
XV..?

¿ DÓNDE CREEN QUE, SE INSPIRÓ HENRY MOORE PARA SUS ESCULTURAS ?
COMO BIEN DIJO CARLOS PELLICER, POETA :
"Los europeos no nos trajeron la cultura; nos trajeron SU cultura..."

"SIGLOS ANTES QUE EUROPA LA PRODUJERA, FLORECÍA ENTRE NOSOTROS CON ESPLENDOR..."

MITLA. OAXACA

Pero, ni viendo todo esto y todo lo que destruyeron, los españoles entraban en razón...

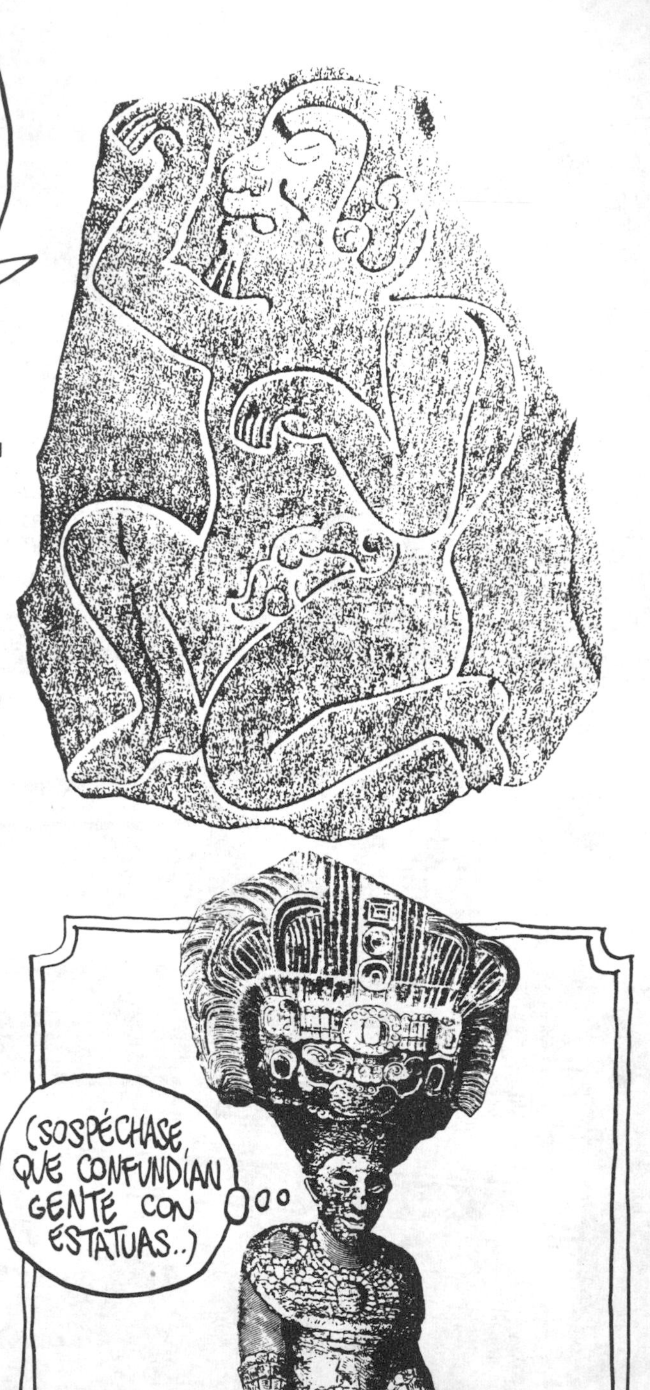
(SOSPÉCHASE QUE CONFUNDÍAN GENTE CON ESTATUAS..)

"los indios son gente bestial... no tienen la cabeza como otras gentes, sino de tan rescios (sic) y gruesos cascos, que el principal aviso que los cristianos tienen cuando pelean con ellos, es no darles cuchillazos en la cabeza porque se rompen las espadas.."

Fernández de Oviedo (CONQUISTADOR)

El reflejo del ORO cegó sus ojos !?

¿CÓMO ES QUE NO SE DIERON CUENTA LOS CONQUISTADORES QUE ESTABAN ANTE UNA CIVILIZACIÓN DISTINTA Y EN MUCHOS ASPECTOS SUPERIOR A LA SUYA.. ??

En el aspecto de la MEDICINA por ejemplo..

¡ LA HERBOLARIA AZTECA ERA LA MÁS AVANZADA DEL MUNDO !

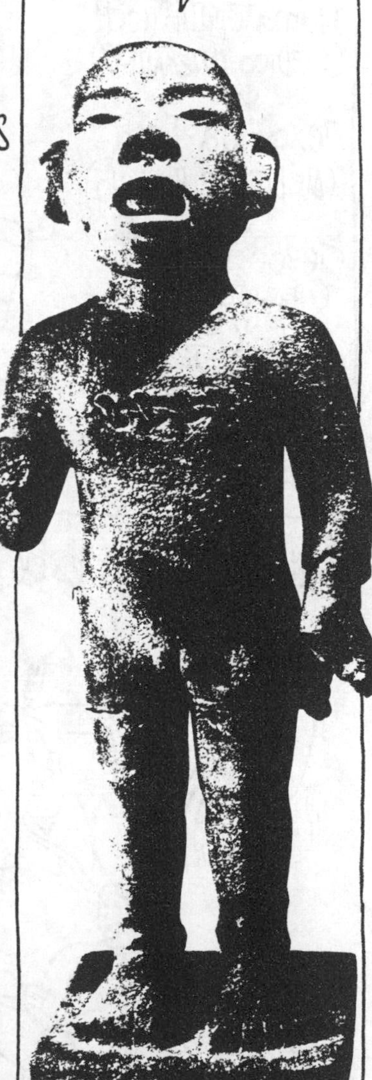

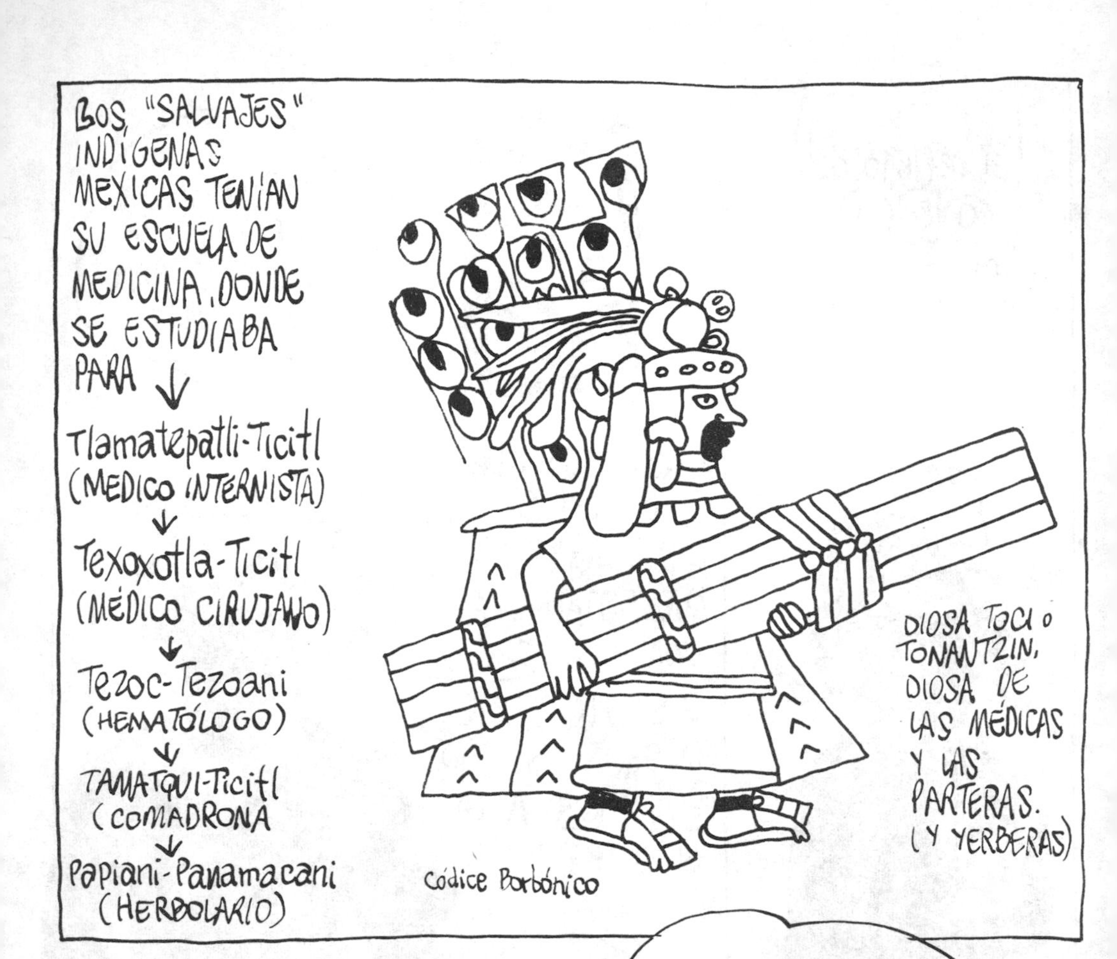
LOS "SALVAJES" INDÍGENAS MEXICAS TENÍAN SU ESCUELA DE MEDICINA, DONDE SE ESTUDIABA PARA
Tlamatepatli-Ticitl (MÉDICO INTERNISTA)
Texoxotla-Ticitl (MÉDICO CIRUJANO)
Tezoc-Tezoani (HEMATÓLOGO)
TAMATQUI-Ticitl (COMADRONA
Papiani-Panamacani (HERBOLARIO)
DIOSA TOCI O TONANTZIN, DIOSA DE LAS MÉDICAS Y LAS PARTERAS. (Y YERBERAS)
Códice Borbónico

SAHAGÚN LO DEJÓ ESCRITO:
"Tenían grandes conocimientos de los vegetales, sabían sangrar, sobaban, reducían luxaciones y fracturas, curaban las llagas y la gota."
SABÍAN LA CAUSA DE LAS ENFERMEDADES Y LAS EPIDEMIAS, Y CÓMO CURARLAS...
CÓDICE FLORENTINO

ENTRE SU "FARMACOPEA" HABIA CIENTOS DE PLANTAS, ANIMALES Y MINERALES..
Y sabian usar las cataplasmas, los supositorios, las pomadas, polvos, tizanas, buches y ventosas..

FRANCISCO HERNÁNDEZ, MÉDICO DE FELIPE II Y ENVIADO SUYO A MÉXICO PARA ESTUDIAR LA HERBOLARIA AZTECA, ESCRIBIÓ ASOMBRADO QUE LA MEDICINA INDÍGENA "SE VEIA SUPERIOR Y MÁS AVANZADA QUE LA PROPIA" PRACTICADA EN EUROPA..

..Y se me está 3 días en cama y sin ir a bailar al Tepeyac..

CÓDICE FLORENTINO

DOS MÉDICOS INDÍGENAS - MARTÍN DE LA CRUZ Y JUAN BADIANO - ESCRIBIERON EN 1524 UN "TRATADO" DE MEDICINA HERBOLARIA QUE, DESCUBIERTO EN 1929 EN EL VATICANO, VINO A CORROBORAR LOS AVANCES QUE HABIAN ALCANZADO LOS AZTECAS EN ESA RAMA DE LA MEDICINA.. ¿QUIHUBAS?

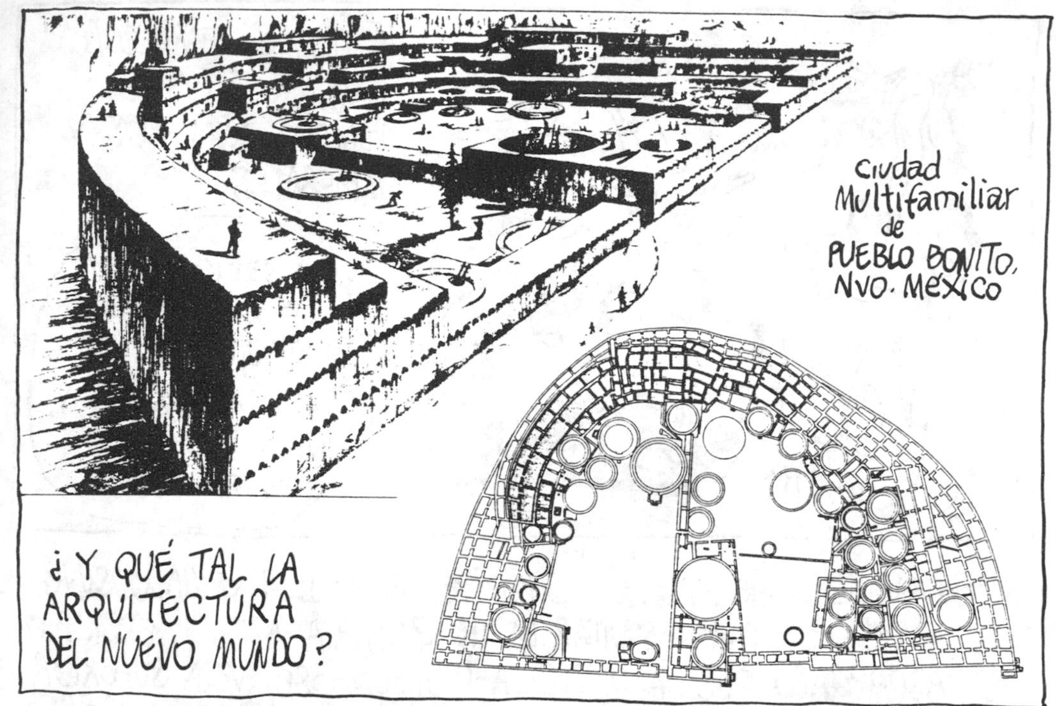
Ciudad
Multifamiliar
de
PUEBLO BONITO,
Nvo. México
¿Y QUÉ TAL LA
ARQUITECTURA
DEL NUEVO MUNDO?

→ Siguen en pie cientos de ejemplos de urbanismo, ingeniería y arquitectura en toda América, llámense Macchu Picchu, Teotihuacan, Tula, Tiahuanaco, Xochicalco, Uxmal, Monte Albán, Copán, Cholula, Sacsahuamán, Mitla, Tenayuca o Taos...

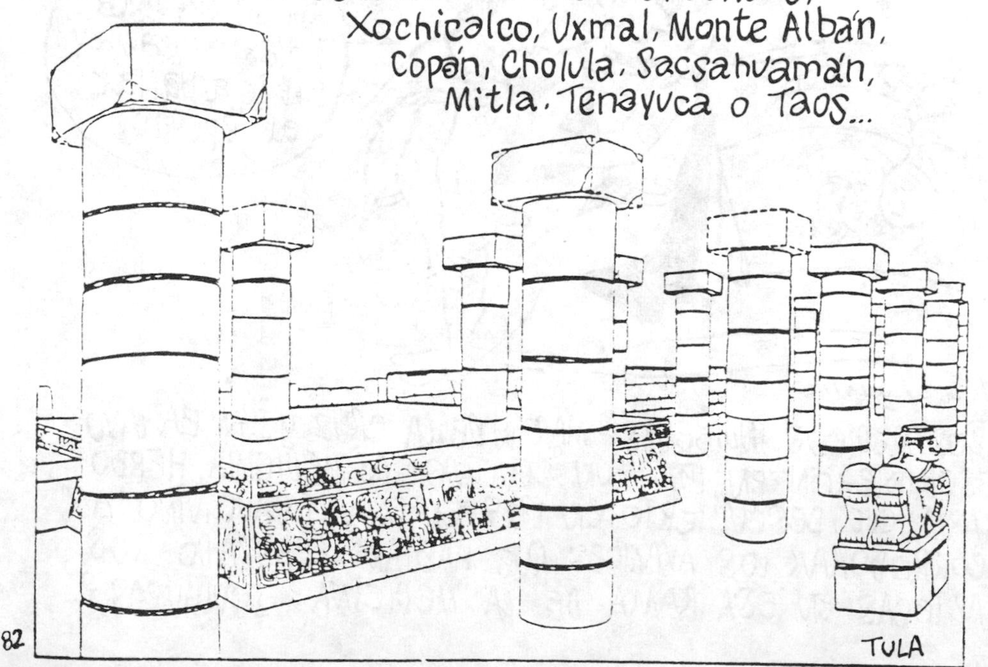
TULA

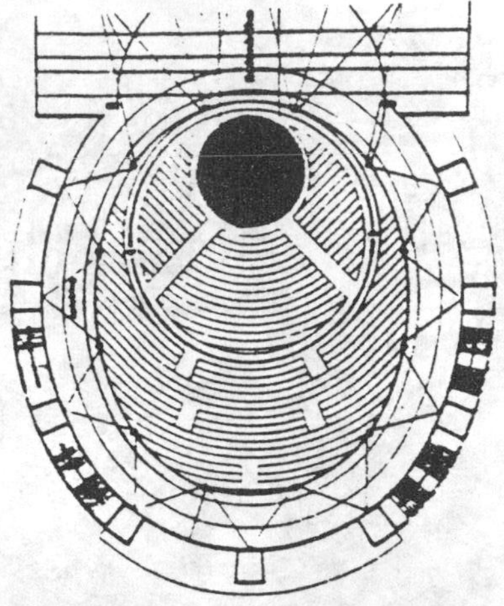

Teatro al aire libre en
Perú (CULTURA INCA).

■

¿O ES CREÍBLE
QUE TODAS LAS
CONSTRUCCIONES
INDÍGENAS FUERON
EDIFICADAS POR
SALVAJES.. O QUE
LAS PIRÁMIDES
MAYAS O TOLTECAS,
SUPERIORES A
LAS DE EGIPTO,
LAS CONSTRUYERON
GENTES SIN
CIVILIZACIÓN
NI CULTURA..?

¡NO JODAN
POR FAVOR!

UXMAL

(Aunque en los últimos años el racista Von Daniken anda diciendo que Macchu Pichu y Teotihuacan fueron obra de extraterrestres...)

SÓLO UNA CIVILIZACIÓN SUPERIOR PUEDE TALLAR, LEVANTAR Y ACOMODAR CON PRECISIÓN MILIMÉTRICA TAMAÑOS PIEDRONES COMO LOS UTILIZADOS EN ESAS CONSTRUCCIONES..

→ BUENO: RECORDEMOS QUE UN FRAILE ESPAÑOL DE LA CONQUISTA AFIRMÓ QUE LA CIUDAD DE LOS DIOSES DE TEOTIHUACAN LA HICIERON... LOS DEMONIOS.
¡AY DIOS (Tláloc)!

DE LA ADELANTADÍSIMA ASTRONOMÍA INDÍGENA Y SUS SISTEMAS NUMÉRICOS SE HAN ESCRITO YA TRATADOS COMPLETOS. ASÍ QUE NADA MÁS LO RECORDAMOS..

Nomás que nuestro calendario era más exacto que el europeo, mano..

¿SALVAJES LOS MAYAS, QUE APORTARON AL MUNDO DE LAS MATEMÁTICAS EL USO DEL **CERO**..?

■ ALGO QUE CASI NADIE SABE ES QUE EL SISTEMA INCA DE CAMINOS ADOQUINADOS ERA BASTANTE MÁS GRANDE EN KILOMETRAJE QUE EL SISTEMA ROMANO CON TODO Y SU VÍA APPIA...

¡Nomás que era de friega hacer un viaje por falta de ruedas..!
CUZCO 80 KMS.

← POR ESOS AÑOS TODO EL MUNDO ESTABA FORMADO EN SOCIEDADES AGRÍCOLAS.
UNA CIVILIZACIÓN EN DESARROLLO ERA LA QUE TENÍA MÁS AVANZADA SU **AGRICULTURA**..

En Europa el 97% de la Población eran campesinos
(sin tierras)

EL 3% RESTANTE ERAN LOS "NOBLES" DUEÑOS DE LAS TIERRAS EN LAS QUE TRABAJABA ESE 97% (ENTRE ESOS "NOBLES" SE INCLUÍA LA IGLESIA...)

EN MÉXICO (Y EL RESTO DEL CONTINENTE) TAMBIÉN EXISTÍA UNA CIVILIZACIÓN AGRÍCOLA Y UNA POBLACIÓN MAYORMENTE CAMPESINA... CON UNA GRAN DIFERENCIA RESPECTO A EUROPA:
**LA TIERRA ERA DE TODOS**..
(hasta antes de Salinas Recortari)

EJEM.. PERO LO MÁS MARAVILLOSO ES LO AVANZADO DE LAS TÉCNICAS DE LOS INDIOS..
← CEES
LA AGRICULTURA COMUNAL DE LOS INDÍGENAS HABÍA LOGRADO CULTIVAR MILES DE HECTÁREAS CON UN SISTEMA ÚNICO EN EL MUNDO: LAS CHINAMPAS, O AGRICULTURA EN EL AGUA CON ISLAS ARTIFICIALES, VERDADEROS JARDINES FLOTANTES..
(TODAVÍA QUEDAN POCAS Y POBRES MUESTRAS DE ESA PRODUCTIVA TÉCNICA EN LO QUE QUEDA DE XOCHIMILCO..)
hasta antes de camacho solís..

EL OTRO ASPECTO EN EL QUE SE MANIFESTABAN LAS CIVILIZACIONES EN TODO EL MUNDO, ERA EN EL ARTESANAL
es decir, el trabajo con las MANOS

Mujer hilando

LOS TRABAJOS INDÍGENAS EN TELA, BARRO O LOS DISTINTOS METALES -BRONCE, ORO, PLATA O COBRE-, MADERA, CORTEZAS DE ÁRBOL, PLUMAS, CONCHAS Y PIEDRA, DEJARON MUDOS A LOS EUROPEOS POR SU PERFECCIÓN Y BELLEZA...

Mujer tejiendo

EN AMÉRICA SE FABRICABA PAPEL SIGLOS ANTES DE LA CONQUISTA, UTILIZANDO LA CORTEZA DEL ARBOL DE AMATE. CON ESE PAPEL SE HACIAN LIBROS Y CUADERNOS Y LOS FAMOSOS CÓDICES..

→ También elaboraban artesanías con fibras vegetales: esteras, canastos, petates, bolsas, morrales, juguetes, etc.

NADA DE ESO VIERON AQUELLOS CONQUISTADORES CEGADOS POR EL ORÉGANO

TAMPOCO ENTENDIERON LA IMPORTANCIA QUE TENÍA LA MÚSICA ENTRE LOS PUEBLOS DEL NUEVO MUNDO...
AL CONTRARIO, NOS PROHIBIERON QUE CANTÁRAMOS Y QUE USÁRAMOS NUESTROS INSTRUMENTOS..
¿salvajes quienes elaboraban poesías y cantos al amor y la amistad, la convivencia y la naturaleza..???
(POR ESE TIEMPO, EN EUROPA NO SABÍAN LO QUE ERA UN BAÑO, UN DRENAJE O UNA LETRINA..)

NINGUNA CIVILIZACIÓN HABÍA DESARROLLADO TANTO EL COMERCIO COMO LOS INCAS Y LOS AZTECAS: SU MERCADO LLEGABA HASTA LA LEJANA NICARAGUA POR EL SUR, Y HASTA LO QUE HOY ES ZACATECAS POR EL NORTE...

Teníamos una economía autosuficiente y organizada
Alberto Beltrán

■■■ Y A FALTA DE BESTIAS DE CARGA (SÓLO EN EL PERÚ HABÍA LLAMAS) LOS AZTECAS TENÍAN ORGANIZADO TODO UN EJÉRCITO DE CARGADORES (TAMEMES) QUE RECORRÍAN POR TURNOS ENORMES DISTANCIAS.

EL SISTEMA DE TAMEMES LOGRABA TENER PESCADO FRESCO TODOS LOS DÍAS EN EL MERCADO DE TENOCHTITLÁN...

... A 500 KILÓMETROS DE LA PLAYA..

¿Y NO VAN A HABLAR DE LA COMIDA?

■ ALGUIEN DIJO QUE LA VERDADERA CIVILIZACIÓN SE DEMUESTRA EN LA COMIDA...

Y LA COMIDA MEXICANA, QUE SE CONSERVA PESE A 500 AÑOS DE ATAQUES CON HOT-DOGS, PAELLAS Y HAMBURGUESAS, FUE DESDE ANTES DE LA LLEGADA DE LOS GACHUPAS, UNA COMIDA REFINADA...

La base de la comida indígena era el MAÍZ..y las aves.

(POR SUERTE PARA LA SALUD NO HABÍA RESES..)

EL CULTIVO Y LA ADAPTACIÓN DEL MAÍZ A LAS DIFERENTES CONDICIONES CLIMÁTICAS Y AMBIENTALES DE MÉXICO, SE TRADUJERON ASIMISMO EN CREACIONES CULINARIAS:

CADA REGIÓN PRODUJO PLATILLOS PARTI-CULARES..

¡FÍJENSE: HABÍA MÁS DE 500 FORMAS DE COMER EL MAÍZ!!

TORTILLAS, TAMALES, ATOLES, PALOMITAS, POZOLES, ELOTES, PINOLES, EN SU INFINITA Y RIQUÍSIMA VARIEDAD..

AHÍ LES VA UNA <u>INCOMPLETA</u> LISTA DE PLATILLOS INDÍGENAS CIEN POR CIENTO:

ACTUALES:

■ CHALUPAS • MOLES • HUACAVAQUE • BOCOLES • YURURICHÚSTATAS • CALDO MICHI • XIMBONES • CHURIPO • CAPÓN • CHARIKURINDAS • JACUBE • RELLENO NEGRO • PANUCHOS • K'OL • MAK KUM • NÓLOCHIS • ESCAMOLES • POZOLE • MEMELAS • MAK KUM • AHUAUHTLI • CHILEATOLE • REMOLE • BICHICORI • TOQUERAS • CHOKO • ZACAHUIL • ACHOCOTE • TEREKUAS • PAPADZUL • ALFAJOR • CLEMOLE • NACATAMAL • CUACHALA • SAKOL • RECADO • CHOMPANTLI • HUAZONTLES • MIXIOTES • CHUINAS • HUITLACOCHE • ACOCILES • MIMINGUE • TAMAL NEJO TLATONIL • KAMATAS • PEJELAGARTO •

■ ADEMÁS:

(NO OLVIDAR QUE MÉXICO DIO AL MUNDO LOS PAVOS (guajolotes)

Y EL FRIJOL, EL AGUACATE, EL CACAO, EL CHILE, EL JITOMATE (TOMATE) LA CEBOLLA, EL CHICLE, LA CALABAZA, EL CACAHUATE, EL GARBANZO...
¡LOTERÍA!
◆ EN MÉXICO SE PRODUCÍAN ORQUÍDEAS, CIRUELAS, CEREZAS, COCOS, VAINILLA, MELONES, CHIRIMOYA, ZAPOTES, MAMEY, GUAYABA, PAPAYA, TEJOCOTES, PLÁTANOS, RÁBANOS, CEREZAS, COL, VERDOLAGAS... ¡UF!

Y NUESTROS INDÍGENAS CONOCÍAN Y UTILIZABAN:
EL PETRÓLEO, EL HULE, LOS TINTES, EL ALGODÓN, EL HENEQUÉN, EL TULE, EL OCOTE, LAS ESPONJAS VEGETALES, etc.
Y EL TABACO (gulp)
(Y DE PASADITA NO OLVIDAR QUE LAS PAPAS Y EL AZÚCAR SON DE AMÉRICA..)

COÑO, PERO NO OLVIDEIS QUE LOS ESPAÑOLES OS DIMOS
Trigo • Vacas • Arroz • Perejil • Vid caballos • Gallinas • cebada • Naranjos Limones • olivos y cerdos pa' carnitas..

¿Nos "dieron"? Ya se les olvidó cómo se lo cobraron, cabrones...

¡MOMENTO JOVEN! LA POLÉMICA ES MÁS AL RATO.. VAMOS A TERMINAR ESTE CAPÍTULO Y LUEGO YA SE PELEAN, ¿SÍ?

HAY CIENTOS DE EJEMPLOS DEL CONOCIMIENTO QUE TENÍAN LOS INDÍGENAS DE LA RUEDA..
LO MALO ES QUE NO TENÍAMOS BESTIAS HASTA QUE LLEGARON LOS ESPAÑOLES..
¡Joder!
Mirad que váis a colmarle la paciencia a tu amo..
¡@*#!
¿SABÍA USTED QUE LA CIUDAD DE MÉXICO TENOCHTITLÁN ERA EN 1492 LA SEGUNDA CIUDAD MÁS POBLADA DEL MUNDO..?
(La primera era Pekín, China..)

LA CIUDAD ERA GOBERNADA POR AUTORIDADES ELECTAS DEMOCRÁTICAMENTE, NO COMO AHORA..

MÉXICO SE HALLABA TAN POBLADO COMO EUROPA. PERO CON MEJOR ENTORNO NATURAL, LLENO TODO DE BOSQUES Y CAMPOS DE CULTIVO. EL RESPETO A LA NATURALEZA Y A LOS ANIMALES ERA INCREÍBLE.

La Filosofía indígena era "VIVIR CON LA NATURALEZA", NO CONTRA ELLA..
LAS LEYES, ORDENANZAS Y REGLAMENTOS ERAN MUY SUPERIORES A LAS EUROPEAS..
¿Y QUÉ TAL LOS SACRIFICIOS HUMANOS?

ESO MISMO REPITO: ¿CÓMO IBAN A SER SERES <u>CIVILIZADOS</u> SI HABÍA SACRIFICIOS HUMANOS?

ESPAÑA A CHILE
PEDRO DE VALDIVIA
E°005
+0.05
CORREOS DE
CHILE

EN UN RATITO HABLAMOS DE ESO –Y DE LA "SANTA" INQUISICIÓN–; NO COMAN ANSIAS...

LAS COSTUMBRES DE LAS SOCIEDADES INDÍGENAS SE APOYABAN EN LA PRÁCTICA DE UNA RÍGIDA MORAL QUE EN MUCHOS ASPECTOS PARECERÍA "CRISTIANA":

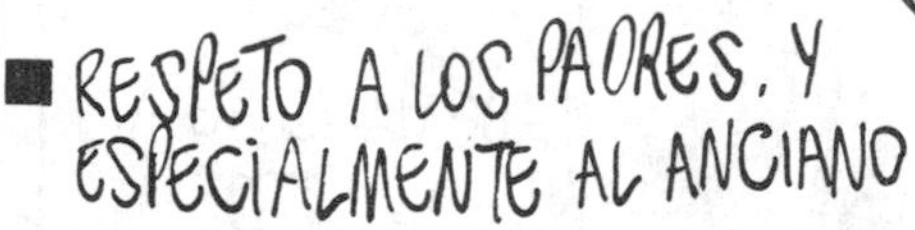
■ RESPETO A LOS PADRES, Y ESPECIALMENTE AL ANCIANO

■→ FUERTE CASTIGO A LA MENTIRA, EL ROBO Y LA EMBRIAGUEZ (sólo los ancianos tenían permiso de emborracharse)

■→ NO EXISTÍA LA CORRUPCIÓN

■→ AUNQUE PRACTICABAN LA POLIGAMIA, SE CASTIGABA EL ADULTERIO Y LA SODOMÍA.

Ancianos que tienen permiso de embriagarse

TODOS LOS CRONISTAS DEL DESCUBRIMIENTO Y CONQUISTA SON UNÁNIMES EN SU DESCRIPCIÓN DE LOS NATIVOS:
"...SON HOSPITALARIOS Y MUY BONDADOSOS.."
"..LA GENTE ES DE BUEN NATURAL Y MUY INGENUOS.."
"..TODO LO COMPARTEN SIN MALICIA. SON GENTE DE LO MEJOR.."

"No son vocingleros, ni pendencieros; no porfiados ni inquietos, ni díscolos, ni soberbios; no infuriosos, ni rencillosos, sino agradables, bien enseñados y obedientísimos".

---

"... son maravillosamente templados, no comedores ni bebedores. Tienen los ingenios sobremanera fáciles para aprender todos los oficios... Sus niños hacen ventaja a los nuestros en el vigor de su espíritu, y en más dichosa viveza de entendimiento y de sentidos, y en todas las obras de manos..." FR. JULIÁN GARCÉS 1527

(LA OPINIÓN CAMBIÓ UN POQUITO CUANDO LOS INDÍGENAS ABRIERON LOS OJOS Y SE DIERON COLOR QUE AQUELLOS CONQUISTADORES NO ERAN DIOSES, SINO VILES MORTALES)

En cuanto matamos al primer gachupin apestoso, los indios nos convertimos en
BRUTOS
BÁRBAROS
TONTOS
IRRACIONALES
SALVAJES
CARENTES DE JUICIO
IMBÉCILES Y
CRUELES...

DESDE LUEGO, LAS OBRAS GRANDES Y PEQUEÑAS QUE ESOS INDÍGENAS "CARENTES DE JUICIO" LLEVARON A CABO, NO COINCIDEN MUCHO QUE DIGAMOS CON ESAS OPINIONES...

PALENQUE

NADIE PUEDE NEGAR -DE BUENA FE- QUE EN AMÉRICA FLORECIÓ UNA GRAN CIVILIZACIÓN, **ORIGINAL** SOBRE TODO, MUCHO ANTES DE LA LLEGADA DE LOS ESPAÑOLES...

con todo y sacrificios humanos...

# CAPÍTULO 4

Cuchillo con mosaico de turquesas para los sacrificios
* BREVÍSIMO CAPÍTULO PARA HABLAR ALGUITO → DE LOS ← SACRIFICIOS HUMANOS
(MÁS BIEN INHUMANOS, DIGO..)
* A petición de algunos conquistadores.

SE HA TRATADO DE PRESENTAR A LA OPINIÓN PÚBLICA LA IMAGEN DE LOS PUEBLOS AMERICANOS EN FORMA TOTALMENTE NEGATIVA, MOSTRÁNDOLOS COMO UNA COLECCIÓN DE ANTROPÓFAGOS Y CANÍBALES HAMBRIENTOS...

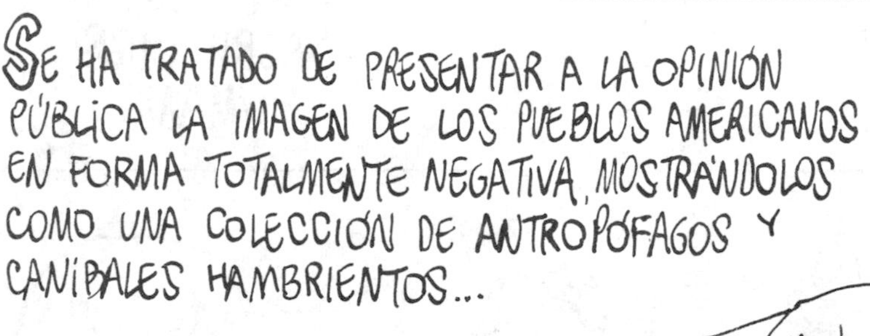
¿Váis a negar que habéis comido el corazón de españoles?
Nada más del cura: la carne enlatada la tenemos prohibida, don Mendo..

CUANDO PRUEBEN UN MUSLITO DE QUINCEAÑERA VERÁN POR QUÉ SOMOS CANÍBALES..

A DECIR VERDAD, YA ESTÁ BIEN DEMOSTRADO QUE EN EL CARIBE, BRASIL, PANAMÁ Y VENEZUELA SÍ SE PRACTICABA -MODERADAMENTE- EL CANIBALISMO A LA LLEGADA DE LOS ESPAÑOLES (QUE, CLARO, SE ESCANDALIZARON A LO BESTIA..)

¡Hostia, es que, vamos, ¿no hay otra fuente de proteínas!?

AL LLEGAR A MÉXICO Y VIENDO LA COSTUMBRE RELIGIOSA DE LOS SACRIFICIOS HUMANOS, CREYERON QUE TAMBIÉN ACÁ, COMO EN EL CARIBE, HABÍA RESTAURANTES ANTROPOFÁGICOS..
¿De qué les sirvo sus tacos? ¿corazón o buche?
Adiós mundo cruel...

¿SACRIFICIOS HUMANOS? SÓLO EN ESTE PAÍS SALVAJE Y ATRASADO..!

EN REALIDAD, LOS HISPANOS PECABAN DE MALA MEMORIA O POCOS CONOCIMIENTOS.
LOS SACRIFICIOS HUMANOS HAN SIDO SIEMPRE UNA SANA COSTUMBRE EN TODAS LAS CIVILIZACIONES DEL MUNDO..

en todas las religiones se sacrificaban a los dioses seres humanos o animales..

← SUMERIOS, FENICIOS, EGIPCIOS, ASIRIOS, SEMITAS, HITITAS, CARTAGINESES, ARIOS, PERSAS, ESCITAS, CHINOS Y HASTA LOS "CIVILIZADOS Y CULTOS GRIEGOS LO HACÍAN..
¿No que nada más nosotros?

Y LA SAGRADA BIBLIA ESTÁ LLENA DE SACRIFICIOS HUMANOS A DIOS..
..PUES ENTRE LOS HEBREOS EXISTÍA LA COSTUMBRE DE QUE EL PRIMER HIJO SE LE SACRIFICABA A DIOS (Remember Abraham e Isaac, y Jefté ofrendando a su hija, entre otros ejemplos..)
(VER JOSUÉ 6:26, GÉNESIS 22:17, ISAÍAS 30:33, JEREMÍAS, SALOMÓN, MIQUEAS, MOISÉS, ETC.)

ÉCHENLE UN OJITO A LA HISTORIA DE EUROPA Y VERÁN LA CANTIDAD DE GENTE QUE LOS DIOSES SE HAN COMIDO DESDE HACE SIGLOS..!
ROMANOS, CELTAS, IBEROS, RUSOS, IRLANDESES, GALOS, TURCOS, BRETONES, TEUTONES, NORUEGOS, ETRUSCOS, ÁRABES, SUECOS, LAPONES, SERBIOS, ESLAVOS...
..TODO EL MUNDO SACRIFICABA GENTE A SUS DIOSES !
HASTA QUE MEDIO SE ESTABLECIÓ EL CRISTIANISMO. LA BÁRBARA COSTUMBRE DESAPARECIÓ APARENTEMENTE: LOS PRISIONEROS DE GUERRA DEJARON DE SER SACRIFICADOS... A LOS DIOSES.

A PARTIR DEL CRISTIANISMO LOS PRISIONEROS DE GUERRA SE SACRIFICABAN EN EL CAMPO DE BATALLA..
O, SI BIEN LES IBA, SE CONVERTÍAN EN ESCLAVOS DE LOS VENCEDORES..
¿..y en México qué pasaba..?
..PUES QUE, COMO POR ACÁ NO HABÍA LLEGADO LA NUEVA MODA DEL MENTADO CRISTIANISMO, LOS AZTECAS - PUEBLO GUERRERO - HABÍAN ESTABLECIDO UNA RELIGIÓN (CONTRARIA A QUETZALCOATL) QUE PRACTICABA EL SACRIFICIO A LOS DIOSES DE PRESOS DE GUERRA (Y COMUNES).
para que no se apague el SOL..

PRÁCTICA BÁRBARA QUE NO COMPARTÍAMOS LOS DEMÁS INDÍGENAS, CONSTE..

A LA LLEGADA DE LOS ESPAÑOLES LOS SACRIFICIOS ERAN EXCLUSIVOS DE LOS AZTECAS (MEXICAS), Y LA MAYORÍA DE LOS SACRIFICADOS ERAN DE LAS TRIBUS Y CULTURAS QUE LOS AZTECAS TENÍAN SOJUZGADAS..

OBVIAMENTE, LOS SACRIFICIOS SE PRACTICABAN EN TODO EL IMPERIO MEXICA..

Y ERA LA FORMA EN QUE SE EJECUTABA LA <u>PENA DE MUERTE</u>..

(En vez de fusilarlos o colgarlos, se les sacrificaba a los dioses. Antes no había cámara de gas, ni modo..)

¿Y DE QUÉ SE ESCANDALIZAN? SIEMPRE HA EXISTIDO LA PENA DE MUERTE..!

¡Y HASTA LA FECHA..! ¿EN QUÉ PAIS CIVILIZADO Y CRISTIANO NO HAY PENA DE MUERTE?

LA GRAN MAYORÍA DE LOS SACRIFICADOS ERAN, COMO YA DIJIMOS, PRISIONEROS DE GUERRA O PRESOS COMUNES (ASESINOS O RATEROS), QUE ERAN ASCENDIDOS A LA CATEGORÍA DE "OFRENDA" A LOS DIOSES..

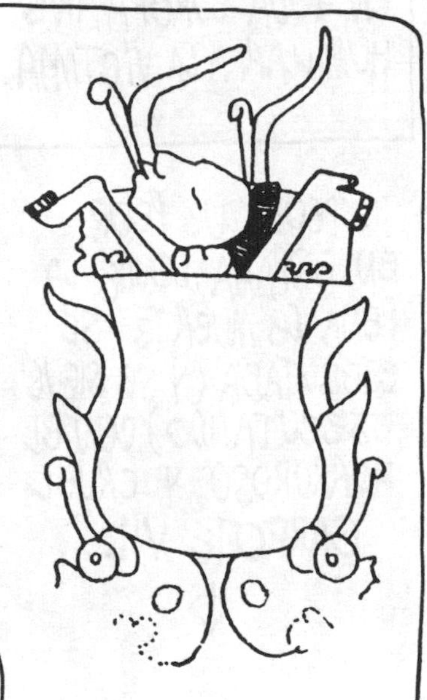

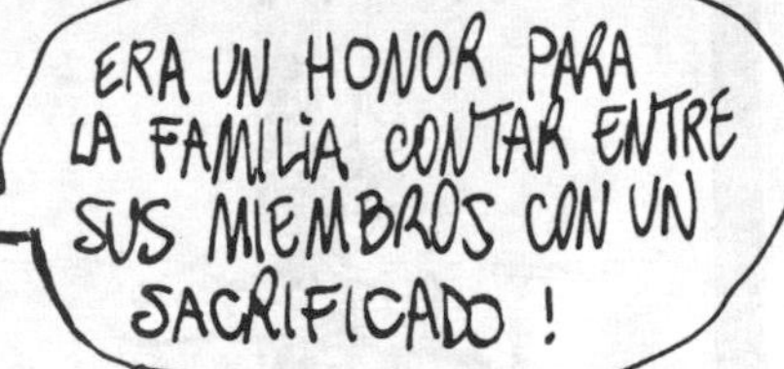
ERA UN HONOR PARA LA FAMILIA CONTAR ENTRE SUS MIEMBROS CON UN SACRIFICADO!

Y NO SE CREA QUE ESTAMOS JUSTIFICANDO LOS SACRIFICIOS HUMANOS POR SER AZTECAS, O QUE QUEREMOS DEFENDER A ULTRANZA LA BÁRBARA COSTUMBRE, QUE EN ESOS TIEMPOS ERA PRÁCTICA COMÚN EN TODO EL MUNDO COMO PENA DE MUERTE.

HAY QUE RECONOCER SIN HIPOCRESÍAS QUE MORIR ASÍ, ENMEDIO DE UNA FIESTA RELIGIOSA Y TRAS RECIBIR UN TRATO ESPECIAL Y DE LUJO, ERA PREFERIBLE A SER COLGADO O DECAPITADO, COMO SE ESTILABA EN TODA EUROPA, TRAS HUMILLAR A LA VÍCTIMA..

Y PEOR QUE PEOR EN ESPAÑA, DONDE LA PENA DE MUERTE SE EJECUTABA (Y SE SIGUE EJECUTANDO) CON EL HORROROSO Y CRUEL GARROTE VIL...

OPS

HUMOR NEGRO ↑ DE OPS (ESPAÑOL POR MÁS SEÑAS).

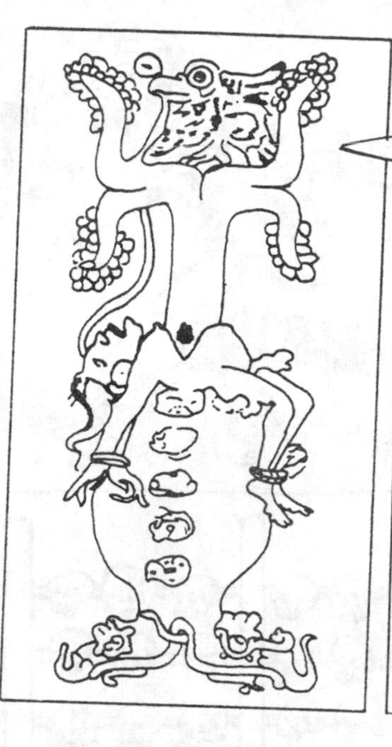

PERO NO TODOS LOS SACRIFICADOS A LOS DIOSES ERAN PRESOS COMUNES O PRISIONEROS DE GUERRA..

Buena parte de los sacrificados eran gente "privilegiada" al ser elegidos para morir en una ceremonia RELIGIOSA !
LOS ELEGIDOS COMO SACRIFICADOS RELIGIOSOS ERAN ALOJADOS EN HOTELES DE LUJO, ALIMENTADOS COMO REYES.. ¡4 MUJERES LOS APAPACHABAN DURANTE OCHO DÍAS! Y SU MEMORIA ERA HONRADA POR TODOS..

mejor morir así que de una diarrea por comer tacos en mal estado !

ADEMÁS, LOS QUE HUÍAN DEL SACRIFICIO ERAN CONSIDERADOS **COBARDES** POR LA SOCIEDAD..

(Y POR SU FAMILIA EN PRIMER LUGAR..)

PUES SERÁ LO QUE SEA, PERO A MÍ ME SIGUE PARECIENDO UNA SALVAJADA Y SUPERSTICIÓN

(mejor luego hablamos, señor cura, que en eso de SUPERSTICIONES ustedes no cantan nada mal las rancheras..!)

palizada

¡ SÓLO SE ACEPTARÍA SI FUERA SACRIFICADO AL VERDADERO DIOS !!
¿ Y QUIÉN PUEDE DECIR CUÁL ES EL "VERDADERO" DIOS..??

CONSIDERÁNDOSE LOS DUEÑOS DE LA VERDAD (Y SIN HABER PRESENCIADO UN SOLO SACRIFICIO HUMANO) LOS FRAILES CONDENARON DE UN PLUMAZO LA RELIGIÓN DE LOS DUEÑOS DE LA CASA QUE HABÍAN LLEGADO A "DESCUBRIR"...

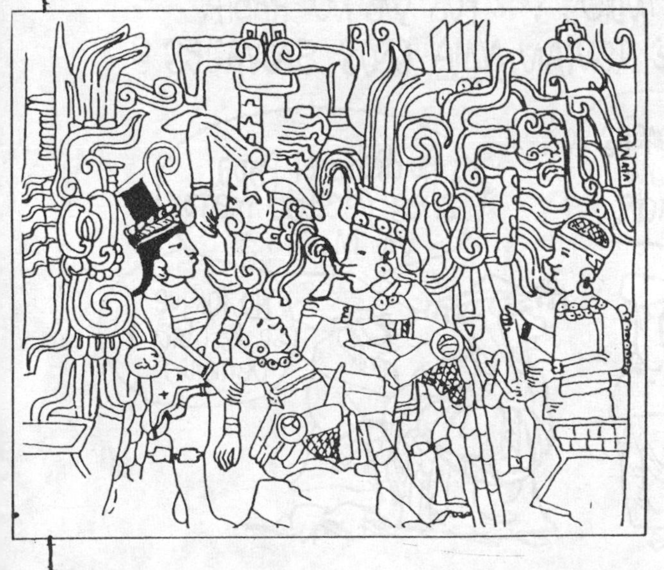

¡..OS CONDENO A MORIR, A DESAPARECER DE LA FAZ DE LA TIERRA !

¿QUIÉNES ERAN ESOS EXTRAÑOS INDIOS Y QUÉ IBA A HACERSE CON ELLOS? ¿ERAN SERES CON ALMA O SIMPLES ANIMALES EVOLUCIONADOS?
¡Es menester educarlos y civilizarlos!
Son idólatras, paganos e muy primitivos..


→ LA IGLESIA SE TOPÓ CON UN MISTERIO: ¿DE QUÉ TRIBU DE ISRAEL PROCEDÍAN LOS INDIOS? ¿POR QUÉ NO HABÍA INDIOS EN LA BIBLIA? ¿TENÍAN ALMA ÉSOS SALVAJES?

El Papa ha dicho que NO la tienen...
Joder, entonces no sufren ni sienten nada..
¿Ha dicho el Papa si es pecado matar un indio..?
NO, PORQUE se le libra del Demonio..

TRAS LARGOS Y TEOLÓGICOS ESTUDIOS, EL PAPA Y COMPAÑÍA DECIDIERON QUE LOS INDÍGENAS TENÍAN ALMA... PERO QUE SIENDO PAGANOS, IDÓLATRAS Y SALVAJES E IGNORANTES, ERAN POR LO TANTO SUJETOS A SER →

EDUCADOS, CIVILIZADOS Y REPRIMIDOS POR SUS PECADOS.
Amén.

En una palabra, decretamos que los indígenas tienen alma y tendrán el privilegio de ser CRISTIANIZADOS

ESO HAREMOS CON EL FAVOR DE DIOS, SU SANTIDAD..

En su loco afán por hacerse de ORO, los españoles dejaron de ver la maravillosa civilización que tenían en sus narices...
NO COMPRENDIERON, EN SU INTOLERANCIA Y FANATISMO, QUE HABÍAN LLEGADO A UN CONTINENTE DONDE SE ESTABA DESARROLLANDO UN TIPO DE SOCIEDAD DIFERENTE, DONDE NO EXISTÍA LA **PROPIEDAD PRIVADA**, ESA PLAGA QUE HA ENFERMADO A LA HUMANIDAD ENTERA...
¿Y ADEMÁS COMUNISTAS? RAZÓN DE MÁS PARA ENTRAR A CRISTIANIZARLOS. ¡A POR ELLOS FRAY TOTOL!
Amén

# chapter 5

Relación verídica
y a cual más,
de la vera
CRISTIANIZADA
que diéronles
a los indios

Paren la oreja, chavos, chavas y combinados: La Invasión & Conquista de México -y América toda- se llevó a cabo de 2 maneras 2
MEDIANTE LA FUERZA DE LAS ARMAS, O SEA, LA CONQUISTA MILITAR... Y
MEDIANTE EL ENGAÑO, O SEA, LA CONQUISTA ESPIRITUAL...
Sobre la "hazaña" de Hernán Cortés se han gastado toneladas de tinta..
Diego Rivera
Tlacuilo
R.
..y se siguen gastando: casi todo lo que se sigue escribiendo hoy, se refiere a la conquista físico-militar de México y anexas..
..AL GENOCIDIO DE MILLONES DE INDIGENAS CON EL PRETEXTO DE CIVILIZARLOS..

AHUMADA

ESTE ESTUPENDO
CARTÓN DE AHUMADA
RESUME DRAMÁTICAMENTE
LA TRAGEDIA Y EL GENOCIDIO
QUE VIVIÓ AMÉRICA HACE 500
AÑOS: LA MUERTE DE MILLONES
DE INOCENTES CONVIRTIÓ A ESPAÑA
EN EL IMPERIO DONDE JAMÁS SE PONÍA
EL SOL; UNA CIVILIZACIÓN DESTRUYÓ A OTRA...

SÍ JÓVENES: LA ESPADA DEL SOLDADO MATÓ A MILLONES DE INOCENTES..
PERO LA CRUZ DE LOS FRAILES FUE LA QUE DESTRUYÓ LA CULTURA NUESTRA..
Pero la cruz sola no hubiera podido entrar si la espada no le hubiera abierto el camino, ¿verdad?
YO OS CUIDO LAS ESPALDAS, CAPITÁN..
Así que vamos a recordar de pasadita cómo los de la espada abrieron la puerta a los de la cruz.....>

¿PODRÍA PREGUNTAR POR QUÉ TENÉIS TAN PÉSIMA OPINIÓN DE LA SANTA MADRE IGLESIA Y SU PAPEL COMO EVANGELIZADORA DE LAS INDIAS?
AY CUATE, ¿CUAL EVANGELIZACIÓN? LO QUE PASÓ ACÁ FUE UNA VIL **COLONIZACIÓN**, Y LA IGLESIA FUE MUCHO MÁS COLONIZADORA QUE EL EJÉRCITO...
ME CONSTA QUE SÍ..
..Y PORQUE LA IMPOSICIÓN DE UNA CULTURA AJENA Y LA DESTRUCCIÓN DE LA CULTURA AUTÓCTONA LAS LLEVARON A CABO LOS RELIGIOSOS, NO LOS SOLDADOS..
YO MATO, ELLOS ATARANTAN..

PUES SÍ, MAÑO. COMO OS IBA YO DICIENDO, COGIMOS MÉXICO EN TRES PATADAS..

..Y ES QUE LOS INDIOS AQUELLOS ERAN TAN BESTIAS QUE CREÍAN QUE HOMBRE Y CABALLO ERAN LO MISMO, O SEA, QUE ESTABAN PEGAOS Y ERAN UN SOLO ANIMAL Y NO DOS..
Coño, qué cosas estoy diciendo..

..mejor os diré por qué resultó tan fácil la Conquista de Méjico Distrito Federal..

Dejadme primero deciros algo que no sabeis de nuestro Jefe y señor don HERNANDO CORTÉS:

...LO CORTÉS NO QUITA LO CALIENTE...
OSKI

PRIMERO QUE NADA, ES UN CUENTO ESO DE QUE TENíA ESTUDIOS: ESTUVO UN AÑO EN SALAMANCA CUANDO TENíA 15 AÑOS Y NO LO APROBARON..

A LOS 19 AÑOS YA ESTABA TRABAJANDO COMO ESCRIBANO DEL JUZGADO DE LA ESPAÑOLA (hoy Haiti) DONDE PASÓ 5 AÑOS E APRENDIÓ TODAS LAS MAÑAS PARA ENGAÑAR A LOS INDIOS BRUTOS DE ESA ISLA...

..aquí ya no hay indios que matar.. ¿nos vamos a Cuba..?

En 1511, cortés se va a CUBA a las órdenes de Diego de Velázquez ...

LA CONQUISTA DE CUBA FUE UN PASEO: VELÁZQUEZ Y SU AYUDANTE Y SECRETARIO DON HERNANDO ACABARON CON LOS INDIOS EN POCOS MESES MERCED A LA INOCENCIA DE ÉSTOS Y SU IGNORANCIA DE LAS BELLAS ARTES MILITARES...

Pero en el pecado llevaron la penitencia: muertos los indios no había quien trabajara para nosotros los conquistadores.. ¡qué burrada!

¡Hostia, si no trabajé en España, menos voy a hacerlo en este infernoso país..!!

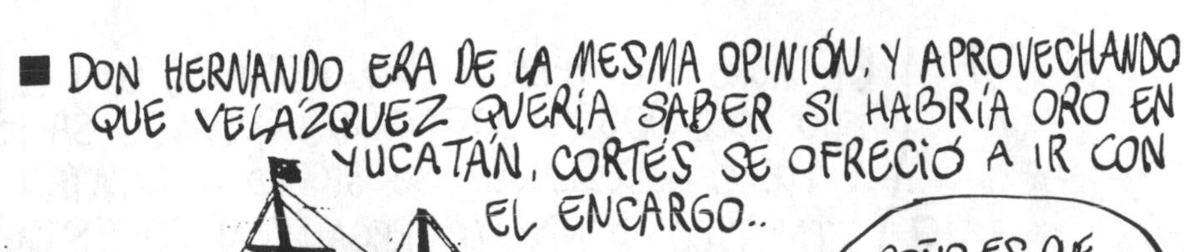
■ DON HERNANDO ERA DE LA MESMA OPINIÓN, Y APROVECHANDO QUE VELÁZQUEZ QUERÍA SABER SI HABRÍA ORO EN YUCATÁN, CORTÉS SE OFRECIÓ A IR CON EL ENCARGO..

COÑO, ES QUE AQUÍ EN LA HABANA NO HAY NI ORO: PUROS PUROS!
..E ME HAN DICHO QUE LAS YUCATECAS SON MOZAS MUY FERMOZAS!

SÍ MAÑO: EN 1511 LOS ESPAÑOLES YA HABÍAMOS DESCUBIERTO UNA GRAN ISLA CERCA DE CUBA LLAMADA YUCATÁN, DONDE LOS BRAVOS INDIOS NOS DERROTARON E HICIERON CAUTIVOS A GONZALO GUERRERO (..Y A JERÓNIMO DE AGUILAR...)

1519
EL MERO 18 DE FEBRERO DON HERNANDO, CON 11 NAVES, 560 SOLDADOS Y 300 INDIOS CUBANOS SALIÓ DE CUBA Y LLEGÓ A COZUMEL.. SE SIGUIÓ A YUCATÁN, LUEGO A TABASCO - DONDE LE REGALARON 20 ESTUPENDAS MOZAS; ¡UNA DE ELLAS HABLANDO CASTELLANO Y TODA LA COSA! - Y RECOGIÓ ASIMISMO AL JERÓNIMO DE AGUILAR QUE, DICEN, NO ME CONSTA, ERA DE RARAS COSTUMBRES...
TABASCO
Villa Hermosa
Chetumal
GUATEMALA
EL OTRO ESPAÑOL QUE SE LLAMÓ GONZALO GUERRERO, NO SE QUISO IR CON NOSOTROS POR HABERSE ENAMORADO DE UNA BUENA MOZA YUCATECA, Y QUE ERA BUENÍSIMA COCINERA Y GRANDIOSA PARA MENESTERES CONYUGALES. CON ELLA TUVO DOS HIJOS, QUE FUERON LOS PRIMEROS MESTIZOS QUE HUBO EN ESTAS TIERRAS... E NOS INSULTÓ POR ANDAR DE CONQUISTADORES..!
¡IROS MUCHO A LA CHINGADA, APESTOSOS!
GUERRERO, PADRE DE LOS 1ros MEXICANOS.

LA MOZA QUE HABLABA CASTELLANO Y SE LLAMABA MALINTZIN, RESULTÓ QUE TAMBIÉN DOMINABA DOS LENGUAS INDIAS. POR LO QUE DON HERNANDO CONTRATÓLA DE INMEDIATO COMO SECRETARIA BILINGÜE DE CABECERA...

mejor te vas a llamar MARINA: Ai don speak inglish

DON HERNANDO TENÍA 34 AÑOS Y HABÍASE PROMETIDO EN MATRIMONIO CON CATALINA XUÁREZ EN LA HABANA.

NO LE HACE: NO SOY CELOSA..

SOSPÉCHASE SIN EMBARGO QUE LA TAL MARINA ERA ALGO MÁS QUE SECRETARIA BILINGÜE, PUES MÁS ADELANTE LE DIO DOS HIJOS AL SEÑOR D. HERNÁN. Y CUANDO ÉSTE SE CANSÓ DE LA MARINA, SE LA PASÓ PRESTADA A HDEZ. PORTOCARRERO Y LUEGO LA OBLIGÓ A CASARSE CON JUAN JARAMILLO EN 1524. LA MALINCHE TAL MURIÓ EN 1527.

Estábais hablando de lo fácil de la conquista de Méjico..
SÍ, Y LA MARINA SIRVIÓ DE MUCHO, TÚ SABES AQUELLO DE "TRADUTTORA, TRADITTORA"!.

MALITZIN, MARINA O LA MALINCHE PREFIRIÓ PONERSE DEL LADO DEL CONQUISTADOR TRAICIONANDO A LOS SUYOS.

NO FUE SÓLO LA INTÉRPRETE DE CORTÉS, SINO SU QUERIDA Y CONFIDENTE...

EN MÉXICO NADIE LA QUIERE...

DICE: ¡VIVA EL TLC!

LA OTRA CIRCUNSTANCIA QUE AYUDÓ HORRORES FUE EL QUE NOS CONFUNDIERAN LOS INDIOS CON DIOSES, Y QUE CREYERAN TAMBIÉN QUE LOS CABALLOS ERAN DIOSECILLOS DE SEGUNDA DIVISIÓN...
APURAOS A MATARLES ANTES QUE SE DEN CUENTA QUE SOMOS GALLEGOS..!
¡CREÍAN QUE DON HERNANDO ERA UN TAL QUETZALCÓATL QUE REGRESABA DE VIAJE!

LA OTRA COSA, QUE ME SIRVIÓ MUCHO FUE QUE LOS AGARRÉ DIVIDIDOS ENTRE SÍ...
CORTÉS

LOS AZTECAS TENÍAN SOJUZGADOS A TODOS SUS VECINOS, MISMOS QUE QUERÍAN LIBERARSE DE ESA DOMINACIÓN...

¡SE ALIARON CONMIGO PARA ACABAR CON LOS AZTECAS!

Sin la ayuda de ~~Saudi Arabia~~, perdón, de TLAXCALA, la Conquista de ~~Iraq~~ Méjico NO hubiera sido posible...

EN EL SITIO DE TENOCHTITLÁN PARTICIPARON COMO "ALIADOS" DEL ESPAÑOL MÁS DE 200 MIL INDÍGENAS, ENTRE TLAXCALTECAS, CHOLULTECAS, TEZCOCANOS, CEMPOALTECAS, TLAHUICAS Y GENTE DE CHALCO Y ANEXAS...

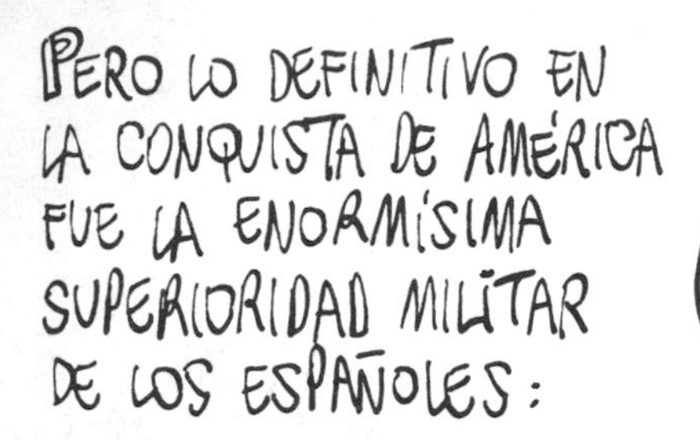
PERO LO DEFINITIVO EN LA CONQUISTA DE AMÉRICA FUE LA ENORMÍSIMA SUPERIORIDAD MILITAR DE LOS ESPAÑOLES:
esos indios no conocen ni el acero ni la pólvora..

REALMENTE FUE UNA HAZAÑA DE LOS INDIOS COMBATIR CON PALOS Y FLECHAS A UN EJÉRCITO PROVISTO DE CABALLOS, ESPADAS, ARMADURAS DE ACERO, CAÑONES, ARCABUCES, BARCOS DE GUERRA, LANZAS, BALLESTAS Y ESCOPETAS...

¡Y MALOS OLORES, COÑO!
¿DESDE QUÉ AÑO NO SE BAÑA, DON HERNÁN? PUAF...
LOS ESPAÑOLES FUIMOS LOS INVENTORES DE LA GUERRA BACTERIOLÓGICA:

*Después que los españoles salieron de la ciudad de México, y antes de que volvieran para atacarnos, se extendió una epidemia de viruelas. La había traído un soldado español. Los enfermos estaban cubiertos como con una corteza. La erupción les cubría todo el cuerpo y no podían moverse más. Yacían en sus lechos y cuando se movían gritaban fuertemente. Muchos murieron de esta enfermedad funesta.*

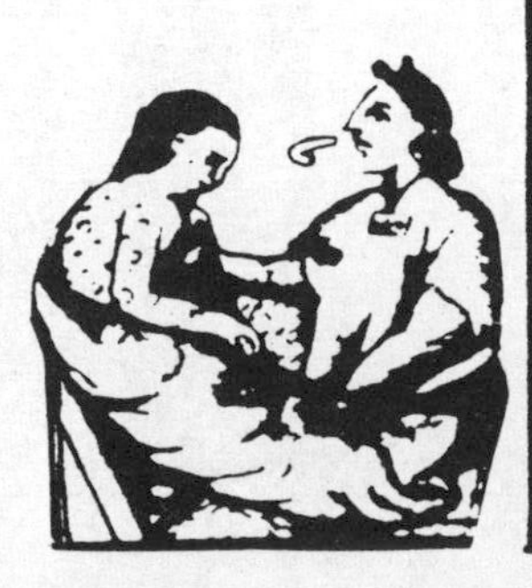

¡OSÚ QUE SÍ! LOS MEJICANOS NO CONOCÍAN NI EL TIFO NI LA VIRUELA NI LA SÍFILIS..!

LAS EPIDEMIAS FUERON EL GRAN ALIADO DE CORTÉS EN LA TOMA DE LA GRAN TENOCHTITLÁN. SE CALCULA QUE EN ESA PRIMERA EPIDEMIA MURIERON MÁS DE 300 MIL (SÍ, TRESCIENTOS MIL) INDIOS, INCLUYENDO A LOS "ALIADOS"...

Nos agarraron sin defensas ni línea media..

la ciudad y sus alrededores contaba entonces con 3 millones de habitantes..

1519

Rediez: ninguna ciudad de las nuestras tiene tantísimas gentes..

En 1524 sólo quedaba poco más de un MILLÓN...

quecholac.
OS DIRÉ LA VERDAD AHORA QUE NO HAY PERIODISTAS: LA CONQUISTA FUE UN PASEO..
LOS INDIOS NUNCA NOS PRESENTARON FUERTE OPOSICIÓN, PUES AMÉN DE QUE NO TENÍAN ARMAS, NO ACOSTUMBRABAN MATAR AL ENEMIGO SINO QUE QUERÍAN TOMARNOS VIVOS Y LUEGO SACRIFICARNOS..
Çacatepec.
SÍ: ÉSTA FUE LA "OPERACIÓN TORMENTA EN EL DESIERTO"..

TAMPOCO CONOCÍAN LOS AZTECAS EL VENENO QUE EN OTRAS PARTES DE AMÉRICA USABAN LOS INDÍGENAS EN LAS FLECHAS...
Ni el acero, si no, quién sabe cómo nos hubiera ido, voto a Santiago..!
No quisiera cerrar este capítulo sin mencionar y dar las gracias a los feroces perros de caza q. tanto nos ayudaron destrozando a los indios que no los conocían..
(¡SÍ: LOS AZTECAS SE COMÍAN SUS PERROS; LOS NUESTROS SE LOS COMÍAN A ELLOS...)

SÍ SEÑÓ: AQUELLO TODO FUE UNA RICA CARNICERÍA EN LA QUE SE CANSABA EL BRAZO...
DERROTADAS LAS FUERZAS MILITARES AZTECAS, LOS CONQUISTADORES SE DEDICARON AL SAQUEO, LA RAPIÑA Y LA VIOLACIÓN...
TODOS LOS SACERDOTES Y JEFES MILITARES Y CIVILES FUERON SACRIFICADOS SIN MÁS TRÁMITE... A TODOS LOS PRISIONEROS "DE GUERRA" LES CORTARON LAS MANOS, Y LOS "ALIADOS" RECIBIERON COMO PAGO LAS MUJERES JÓVENES AZTECAS PARA QUE SE REFOCILARAN CON ELLAS...

Entraban en los pueblos, ni dejaban niños ni viejos, ni mujeres preñadas ni paridas que no desbarrigaban y hacían pedazos, como si dieran en unos corderos metidos en sus apriscos. Hacían apuestas sobre quién de una cuchillada abría el hombre por medio, o le cortaba la cabeza de un piquete, o le descubría las entrañas. Tomaban las criaturas de las tetas de las madres por las piernas, y daban de cabeza con ellas en las peñas. Otros daban con ellas en ríos por las espaldas, riendo y burlando, y cayendo en el agua decían: «bullís, cuerpo de tal»; otras criaturas metían a espada con las madres juntamente, y todos cuantos delante de sí hallaban. Hacían unas horcas largas, que juntasen casi los pies a la tierra, y de trece en trece, a honor y reverencia de Nuestro Redemptor y de los doce apóstoles, poniéndoles leña y fuego los quemaban vivos. Otros ataban o liaban todo el cuerpo de paja seca: pegándoles fuego, así los quemaban. Otros, y todos los que querían tomar a vida, cortábanles ambas manos y dellas llevaban colgando.

Así que desde la entrada de la Nueva España, que fue a diez y ocho de abril del dicho año de diez y ocho[45], hasta el año de treinta, que fueron doce años enteros, duraron las matanzas y estragos que las sangrientas y crueles manos y espadas de los españoles hicieron continuamente en cuatrocientas y cincuenta leguas en torno cuasi de la ciudad de México y a su rededor, donde cabían cuatro y cinco grandes reinos tan grandes y harto más felices que España. Estas tierras todas eran las más pobladas y llenas de gentes que Toledo y Sevilla y Valladolid y Zaragoza, juntamente con Barcelona, porque no hay ni hubo jamás tanta población en estas ciudades, cuando más pobladas estuvieron, que Dios puso y que había en todas las dichas leguas, que para andallas en torno se han de andar más de mil y ochocientas leguas. Más han muerto los españoles dentro de los doce años dichos en las dichas cuatrocientas y cincuenta leguas, a cuchillo y a lanzadas, y quemándolos vivos, mujeres y niños y mozos y viejos, de cuatro cuentos de ánimas, mientras que duraron (como dicho es) lo que ellos llaman conquistas, siendo invasiones violentas de crueles tiranos, condenadas no sólo por la ley de Dios, pero por todas las leyes humanas, como lo son y muy peores que las que hace el turco para destruir la Iglesia cristiana. Y esto sin los que han muerto y matan cada día en la susodicha tiránica servidumbre, vejaciones y opresiones cotidianas.

Después de las tiranías grandísimas y abominables que éstos hicieron en la ciudad de México y en las ciudades y tierra mucha (que por aquellos alderredores diez y quince y veinte leguas de México, donde fueron muertas infinitas gentes), pasó adelante esta su tiránica pestilencia y fue a cundir e inficionar y asolar a la provincia de Pánuco[52], que era una cosa admirable la multitud de las gentes que tenía, y los estragos y matanzas que allí hicieron. Después destruyeron por la mesma manera la provincia de Tututepeque, y después la provincia de Ipilcingo, y después la de Colima, que cada una es más tierra que el reino de León y que el de Castilla. Contar los estragos y muertes y crueldades que en cada una hicieron sería sin duda una cosa dificílima e imposible de decir, y trabajosa de escuchar.

¡HOSTIA!
¿QUIÉN OSA
DECIR ESTAS
MENTIRAS?

No bastaría a creer nadie ni tampoco a decirse los particulares casos de crueldades que allí se han hecho; sólo diré dos o tres que me ocurren. Cuando andaban los tristes españoles con perros bravos buscando y aperreando los indios, mujeres y hombres, una india enferma, viendo que no podía huir de los perros que no la hiciesen pedazos como hacían a los otros, tomó una soga y atóse al pie un niño que tenía de un año y ahorcóse de una viga, y no lo hizo tan presto que no llegaran los perros. y despedazaron el niño, aunque antes que acabase de morir lo baptizó un fraile.

Cuando se salían los españoles de aquel reino, dijo uno a un hijo de un señor de cierto pueblo o provincia que se fuese con él; dijo el niño que no quería dejar su tierra. Responde el español: «Vete conmigo. si no. cortarte he las orejas.» Dice el muchacho que no. Y diciéndole el muchacho que no quería dejar su tierra. córtale las narices. riendo como si le diera un repelón lo más.

Este hombre perdido se loó y jactó delante de un venerable religioso. desvergonzadamente. diciendo que trabajaba cuanto podía por empreñar muchas mujeres indias para que. vendiéndolas preñadas por esclavas. le diesen más precio de dinero por ellas.

En este reino o en una provincia de la Nueva España. yendo cierto español con sus perros a caza de venados o de conejos. un día. no hallando qué cazar. parecióle que tenían hambre los perros, y toma un muchacho chiquito a su madre, y con un puñal córtale a tarazones los brazos y las piernas, dando a cada perro su parte. y después de comidos aquellos tarazones, échales todo el corpecito en el suelo a todos juntos.

¡hay que callar a ese rojillo purépecha de Rius!
es que no es él, sino ese @*#! cura Bartolomé de las Casas!

UN MALDITO CURA TRAIDORCETE QUE HA ESCRITO MIL Y UNA MENTIRAS DE LA CONQUISTA..

PERO SI LOS CURAS ESTABAN DE NUESTRO LADO !!

Pues éste se volteó y escribió una **BREVÍSIMA RELACIÓN DE LA DESTRUCCIÓN DE LAS INDIAS** que no le recomiendo leer a ningún paisano, o se le va a indigestar la paella!

¡MALAGRADECIDO! DESPUÉS QUE LOS HEROICOS MILITARES LE ABRIMOS EL CAMINO A LA SANTA MAMÁ ...IGLESIA...

(ASÍ ES LA VIDA..)

# CAPÍTULO 6

## DONDE SE VE & SE SIENTE DE LAS DISTINTAS COSAS BONDADOSAS Y CRISTIANAS HECHAS en las INDIAS

¡LAS INDIAS!
¡LAS INDIAS!
HELGUERA

o cómo nos cristianizaron...

¿CRISTIANIZAR ES DEJARLO A UNO COMO SANTO CRISTO?

EL IMPERIALISMO ESPAÑOL TRATÓ DE JUSTIFICAR SUS CRÍMENES A TRAVÉS DE SU MISIÓN "CRISTIANA"..
EL PRETEXTO PARA INVADIR ~~PANAMÁ~~ MÉXICO Y ANEXAS ERA QUE SE VIVÍA EN EL VIL PAGANISMO Y QUE SE IBA A ESTABLECER (CON EL FAVOR DE DIOS, POR SUPUESTO). UNA CIVILIZACIÓN CRISTIANA...
OS VAIS A VOLVER CRISTIANOS, JODER!
¿Y ESO QUÉ ES..?
→ MARTIRIO DE TUPAC AMARU
"El Cristianismo es la religión del Amor, de la Pobreza y Humildad, del amor al Pobre, de la Pureza y la Bondad.. ¡Amaos los unos a los otros..!"

BUENO.. LOS POBRES INDIOS NO SABÍAN QUE LOS "SANTOS PAPAS" ERAN EN ESE TIEMPO LOS SOBERANOS EUROPEOS MÁS RICOS Y CORRUPTOS DEL MUNDO...

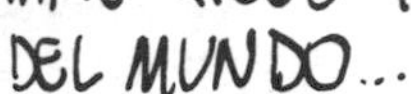

(LOS HEREDEROS DE CRISTO)

NO TENÍAN POR QUÉ SABER QUE LOS MUY CRISTIANOS PONTÍFICES, Y CARDENALES Y OBISPOS TENÍAN CONCUBINAS Y AMANTES E HIJOS BASTARDOS REGADOS POR DOQUIER..

Ándale hijita, mejor dime tus pecados en la sacristía para que estemos más cómodos..

NI SABÍAN QUE EN ESE TIEMPO LA ROMA VATICANA ESTABA MÁS CORROMPIDA QUE LA ROMA DE NERÓN...
(MÁS DATOS LOS PODRÍA PROPORCIONAR MARTÍN LUTERO, DESCONOCIDO PARA LOS AZTECAS...)

se venden indulgencias con descuento.
IGLESIA DE SN. MATATÍAS.

NADIE EN MÉXICO SABIA -AL MENOS ENTRE LOS NATIVOS- DE LAS "VIRTUDES" DE LOS REYES CATÓLICOS DE ESPAÑA QUE TANTO SE BENEFICIARON DE LAS INDIAS:

COMO POR EJEMPLO QUE YO, FERNANDO EL CATÓLICO DEJÉ UN CRECIDO NÚMERO DE HIJOS BASTARDOS (Juana de Aragón entre ellos)

Y QUE YO, PARA NO QUEDARME ATRÁS DE MI CATÓLICO MARIDO, TENIA VARIOS AMANTES, ENTRE ELLOS EL APROVECHADO DON CRISTÓBAL COLÓN...

no os sorprendáis, Paloma: el señor Cardenal Mendoza dejó 3 hijos ilegítimos..

Y DON HERNÁN CORTÉS, EL CRISTIANÍSIMO SEÑOR QUE FUE DESIGNADO POR LA IGLESIA COMO.."EL HOMBRE PROVIDENCIAL RESERVADO POR DIOS NTRO. SR. PARA CRISTIANIZAR Y SALVAR EL NUEVO MUNDO", DEJÓ -QUE SE SEPA- 14 HIJOS, 3 DE ELLOS CON MUJERES INDÍGENAS...

Bueno.. lo cortés no quita lo caliente..

148 *Hernán Cortés.*

CRISTIANÍSIMO E MUY CATÓLICO EL SEÑOR CORTÉS, QUE FUE FORMALMENTE ACUSADO DE HABERSE ROBADO EL ORO QUE PERTENECÍA A LOS REYES Y DE HABER ASESINADO A SU ESPOSA CATALINA XUÁREZ...

coño: no le pareció que yo tuviera mi harem con unas 40 indias..!

FIEL PRACTICANTE DEL CRISTIANISMO CUANDO MATÓ A DOS SOLDADOS QUE QUERÍAN REGRESARSE A CUBA; A UN TERCERO LE CORTÓ LOS PIES, A LOS DEMÁS LES MANDÓ DAR 200 AZOTES, Y AL PADRE JUAN DIAZ, "POR SER DE MISA", SÓLO LE INSULTÓ Y AMENAZÓ... (Si, él mismo que escribió: .."la causa principal de aquesta lucha es ensalzar y predicar la fe de Cristo"..) ¡VIVA EL CRISTIANISMO!

SÍ PUES: CRISTIANISMO ERA LO QUE VENÍAN ENSEÑANDO TODOS AQUELLOS SOLDADOS Y MARINOS QUE SAQUEABAN, ROBABAN, TORTURABAN Y MATABAN A LOS INDÍGENAS, VIOLABAN A CUANTA NO LO SOLICITABA, Y ASESINABAN A SANGRE FRÍA AL QUE NO LES DABA ORO...
O A LA QUE NO LES DABA OTRA COSA...

ESOS RAROS SERES QUE VESTÍAN COMO PAPAGAYOS FUERON LOS PRIMEROS **CRISTIANOS** QUE VIERON LOS POBLADORES DEL "NUEVO MUNDO"...

¡QUÉ IGNORANTES! NI SIQUIERA HABLAN NUESTRA LENGUA...
¡QUÉ IGNORANTES! NI SIQUIERA HABLAN NUESTRA LENGUA...

¡DIOS NOS ENVIÓ A CRISTIANIZARLOS!

EXTRAÑOS ESOS **CRISTIANOS** QUE BESABAN LA TIERRA. CLAVABAN UNA CRUZ Y CON ESO SE DECLARABAN DUEÑOS DE TODO, Y SE DEDICABAN A BUSCAR ORO, VIOLAR MUJERES Y APRESAR Y ESCLAVIZAR HOMBRES...

HOP
¡AIÉ KAIMÁN URÚ OKÁ ANAIÉ...! (¡QUÉ GENTUZA! ¡OJALÁ NO NOS ROBEN LOS NIÑOS!)
AURÚ OIÉ KAÒ MAIRÁ TUPÁN! (¡ES UN ERROR DEJAR QUE LAS ANRIGUXIAS NOS ENGAÑEN, PACO!)
PADRE, ¿NO PODÍAS TRAER ALGO MENOS MACABRO?
LO SIENTO. ES EL REGLAMENTO
¡¡CUIDADO!!
SI DIOS QUIERE... ¡¡AY!!
¿PERO QUÉ COÑO HACE? ¿AHORA COME TIERRA?
¡LA BESO, PADRE, LA BESO!
(TÍPICA INJERENCIA VATICANA)


ALTAN ↑

SÍ: DEBIÓ SER TRAUMATIZANTE PARA EL INDÍGENA ENTENDER QUÉ ES LO QUE ESTABA PASANDO: ¿QUÉ ERA ESO DE "CRISTIANISMO", Y QUIÉN ERA ESE TAL "NUESTRO SR. JESUCRISTO" EN CUYO NOMBRE MATABAN, ROBABAN, COGÍAN Y VIOLABAN DONCELLAS (Y DE SEGUNDA MANO?) ¿Y ESAS CRUCES QUÉ SIGNIFICABAN..?

EN MÉXICO YA SE CONOCÍA Y USABA LA CRUZ: ERA SÍMBOLO DE LOS 4 PUNTOS CARDINALES, Y EL MISMO QUETZALCÓATL LA USABA EN SU TÚNICA... ②

¡Por eso confundimos a Cortés con Quetzalcóatl: qué regada!

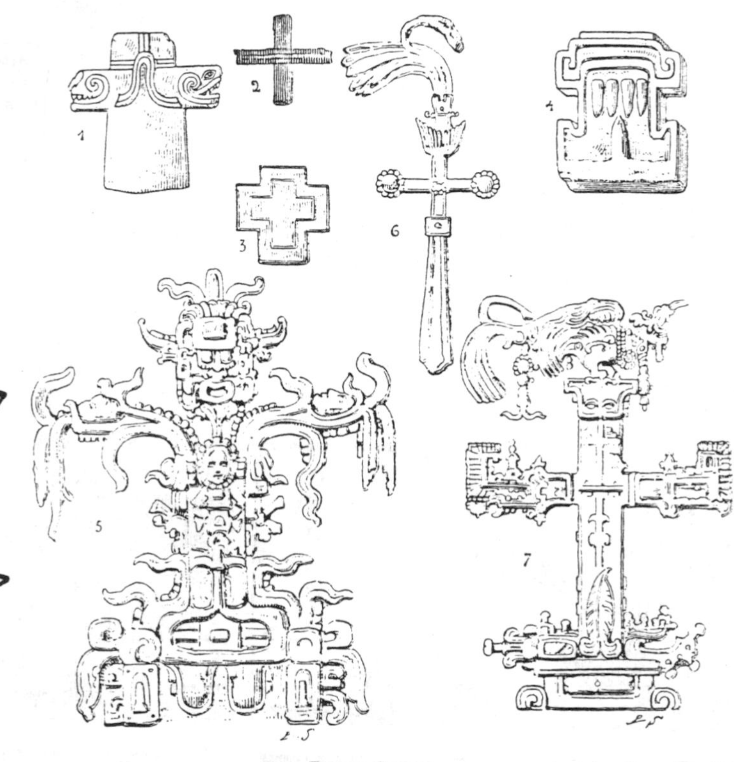

TOLTEC CROSSES.

No. 1. Serpent's Cross. No. 2. Cross seen on Quetzalcoatl's Tunic and on the Palaces at Mitla. No. 3. Mayapan Cross. No. 4. Cross of Teotihuacan. Nos. 5 and 7. Crosses in the Temples of Palenque. No. 6, Cross met with in the Temples of Lorillard City.

TRAUMATIZANTE Y MUY DESCONCERTANTE VER AQUELLOS BRUTOS QUE ADORABAN LA CRUZ QUE PARA EL INDIO SIMBOLIZABA A QUETZALCÓATL, Y VERLOS MATAR Y SAQUEAR Y DESTRUIRLO TODO, LLAMÁNDOSE CRISTIANOS... ¿QUÉ CHINGADOS ERA ESO DE "CRISTIANISMO"..??

¿CÓMO IBAN A SABER LOS INDÍGENAS -Y LOS MISMOS ESPAÑOLES BRUTOS- QUE EL VERDADERO CRISTIANISMO HABÍA SIDO TRAICIONADO Y FALSIFICADO POR LOS PAPAS ROMANOS..?
..SI ESOS CORRUPTOS SON MIS "REPRESENTANTES", YO SOY CHINO..

¿CÓMO ENTENDER QUE UN PAPADO RICO Y CORRUPTO TENÍA PODER SOBRE TODOS LOS HOMBRES Y MUJERES DE LA TIERRA POR "ORDEN" DE DIOS..?

E quitáos el refajo, el corpiño y las pantaletas que os vamos a CRISTIANIZAR..
¿CÓMO IBAN LAS MUJERES INDÍGENAS A COMPRENDER UNA RELIGIÓN, SI AQUELLOS "CRISTIANOS" LAS VIOLABAN DESPUÉS DE BAUTIZARLAS "PARA TRANQUILIZAR SU CONCIENCIA"..?

FIEL A SU FANATISMO E IGNORANCIA, LA IGLESIA CATÓLICA SE PREOCUPÓ, POR ENCIMA DE TODO, DE BAUTIZAR A CUANTO INDIO SE DEJABA... ASÍ, SI DESPUÉS LOS MATABAN, PODÍAN IRSE AL CIELO CRISTIANO...

¿Ir al cielo para volvernos a encontrar a los gachupas? ¡Paso..!

SÍ: PARA LOS INDÍGENAS DEBE HABER SIDO TRAUMATIZANTE TRATAR DE ENTENDER CÓMO AQUELLOS "CRISTIANOS" QUE ADORABAN A UN POBRE, SE VOLVÍAN LOCOS MATANDO GENTE PARA DESPOJARLOS DEL ORO...
Yo crioque su verdadero dios es el ORO..
SERÁ EL LORO: hablan como cacatúas..

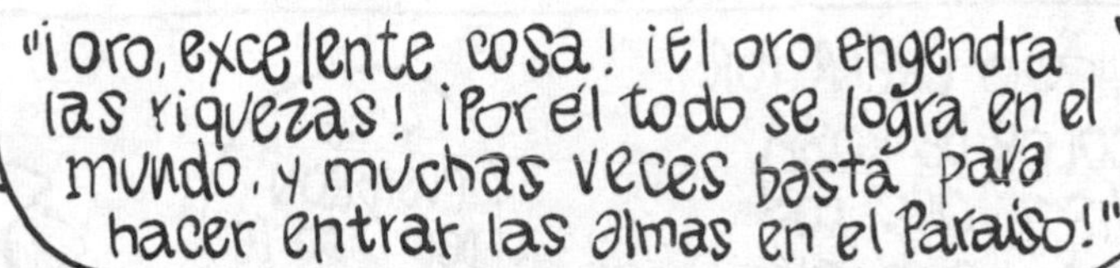
"¡Oro, excelente cosa! ¡El oro engendra las riquezas! ¡Por él todo se logra en el mundo, y muchas veces basta para hacer entrar las almas en el Paraíso!"

← DICHO POR EL REY FDO. (DE RODILLAS) A COLÓN.

"PERO... SERÍA UNA GRAN OFENSA PARA ESPAÑA SUPONER QUE UNOS VILES AVENTUREROS SIN ESCRÚPULOS DE NINGUNA CLASE ERAN LOS PORTADORES DE LA CULTURA HISPÁNICA... QUE UNOS ÁVIDOS TRUHANES, Q. LLAMÁNDOSE A SÍ MISMOS CRISTIANOS.. ERAN LOS PORTADORES DE ALGÚN CONCEPTO MORAL MÁS ELEVADO..." (UNAMUNO)

CLARO QUE NO: QUIENES CRISTIANIZARON A LAS INDIAS FUERON ELLOS.. ¡ÉSOS SÍ ERAN CRISTIANOS!

SE NOS HA HECHO CREER POR LA LEYENDA COLOR DE ROSA DE LA CONQUISTA, QUE LOS PRIMEROS RELIGIOSOS QUE LLEGARON A MÉXICO FUERON LOS FAMOSOS "12 FRANCISCANOS", Y QUE EN GRAL. HICIERON BUEN PAPEL COMO MISIONEROS...
Y SE PUSIERON DEL LADO DE LOS INDIOS, ETC.
versión oficial
¡ÉJELE QUE NO FUE ASÍ! CON CORTÉS Y NARVÁEZ VENÍAN VARIOS Y CANIJOS CURAS...
En las Cartas de Relación de Cortés y otros documentos consta que participaron en la Conquista:
·JUAN LEÓN (clérigo)
·GARCI LÓPEZ (clérigo)
·MARCOS MELGAREJO (")
·JUAN RUIZ DE GUEVARA (clérigo)
·N. VILLAGRÁN (clérigo)
·FR. BARTOLOMÉ
·JUAN DÍAZ (clérigo)
·MARTÍN, (el Bachiller q. dijo la 1ª misa)
·FR. JUAN DE VARILLAS

Doctrina Xpiana
Los mandami
Maatii chii xi

LA PARTICIPACIÓN DE TODOS ESOS SANTOS VARONES EN LA CONQUISTA FUE COMO CAPELLANES MILITARES:

..bendiciendo las armas, auxiliando a los heridos de su bando, confesando a los conquistadores y echándoles agua bendita con maldiciones a los salvajes y paganos..

(Y OBVIAMENTE, PARTICIPANDO EN LAS BATALLAS DEL LADO ESPAÑOL..)

POS SÍ: PARA ESO MISMO LES PAGABAN..
..PUES AL MENOS DOS DE ELLOS MURIERON EN COMBATE, Y LOS DEMÁS "REGRESARON A ESPAÑA MUY RICOS", SUPONGO QUE GRACIAS AL "BOTÍN DE ORO" QUE LES TOCÓ..
(Pateando indios, claro no balones de fútbol..)

LA ORDEN FRANCISCANA, FUNDADA POR EL SANTO ITALIANO **FRANCISCO DE ASÍS**, ERA TENIDA EN AQUELLOS (AY) LEJANOS TIEMPOS COMO LA MÁS "PURA" DE LAS ÓRDENES RELIGIOSAS, ES DECIR, LA <u>MENOS</u> CORRUPTA...

**Primeros frailes llegados a Nueva España**

## 1524 FRANCISCANOS [1]

**Predicadores y confesores doctos**

Fray Martín de Valencia
Fray Francisco de Soto
Fray Martín de la Coruña
Fray Juan Xuárez
Fray Antonio de Ciudad Rodrigo
Fray Toribio de Benavente

**Predicadores**

Fray García de Cisneros
Fray Luis de Fuensalida

**Sacerdotes**

Fray Juan de Ribas
Fray Francisco Jiménez

**Legos**

Fray Andrés de Córdoba
Fray Juan de Palos

## 1526 DOMINICOS [2]

Fray Tomás Ortiz
Fray Vicente de Santa Ana
Fray Diego de Sotomayor
Fray Pedro de Santa María
Fray Justo de Santo Domingo

**Diácono**

Fray Gonzalo Lucero

**Lego**

Fray Bartolomé de Calzadilla

**En la Española se ágregaron cuatro misioneros más**

Fray Domingo de Betanzos
Fray Diego Ruiz
Fray Pedro Zambrano
Fray Vicente de las Casas

## 1533 AGUSTINOS [3]

Fray Gerónimo de San Esteban
Fray Juan de San Román
Fray Francisco de la Cruz
Fray Juan de Moya
Fray Alonso de Borja
Fray Agustín de Gormás o de la Coruña
Fray Juan de Oseguera
Fray Jorge de Avila

(CON GRAN ESCÁNDALO DE ROMA)
FRAY FCO. DE LOS ANGELES SUPERIOR GRAL. DE LOS FRANCISCANOS)

QUIENES HAN VISTO LA PELÍCULA "HERMANO SOL, HERMANA LUNA" SABRÁN POR QUÉ LA ORDEN DE SAN FRANCISCO NO ERA MUY BIEN VISTA EN EL VATICANO Y LAS CORTES EUROPEAS...

COMO HABRÁN VISTO, LOS 1eros 12 FRANCISCANOS LLEGARON A MÉXICO HASTA 1524, CUATRO AÑOS Y MEDIO DESPUÉS DE LA CAÍDA DE TENOCHTITLÁN.

Es decir, durante 4½ años la "Evangelización" de México estuvo a cargo de los Conquistadores y curas que los acompañaban y perdonaban...

Momento: ¿cuál es la diferencia entre curas y frailes...?

→ EL CLERO SE DIVIDE EN 2 CUERPOS:

1. LOS CURAS O CLÉRIGOS O PADRES, QUE NO SON DE NINGUNA ORDEN RELIGIOSA Y DEPENDEN DIRECTAMENTE DEL VATICANO.

2. LOS MIEMBROS DE LAS ÓRDENES RELIGIOSAS (FRANCISCANOS, JESUITAS, DOMINICOS, AGUSTINOS, SALESIANOS, OBLATOS, ETC.)

POR AQUELLOS TIEMPOS LOS CURAS (O CLERO SECULAR) ESTABAN CONSIDERADOS COMO LO PEOR DE LA IGLESIA CATÓLICA. Y EN LA NUEVA ESPAÑA -COMO BAUTIZARON MÉXICO LOS HISPANOS- PEOR, PUES TRABAJABAN EN ÍNTIMA COMUNIÓN CON LOS MILITARES...

EN TODA EUROPA ERA IGUAL: LOS LEGISLADORES ERAN CURAS, LOS JUECES ERAN CURAS..
LOS CONSEJEROS REALES, IGUAL: LOS REYES COMPARTÍAMOS EL PODER CON LA IGLESIA, JODER..
Y DE TODAS LAS IGLESIAS EUROPEAS, LA DE ESPAÑA ERA LA MÁS CORRUPTA Y FANÁTICA.. (todavía)

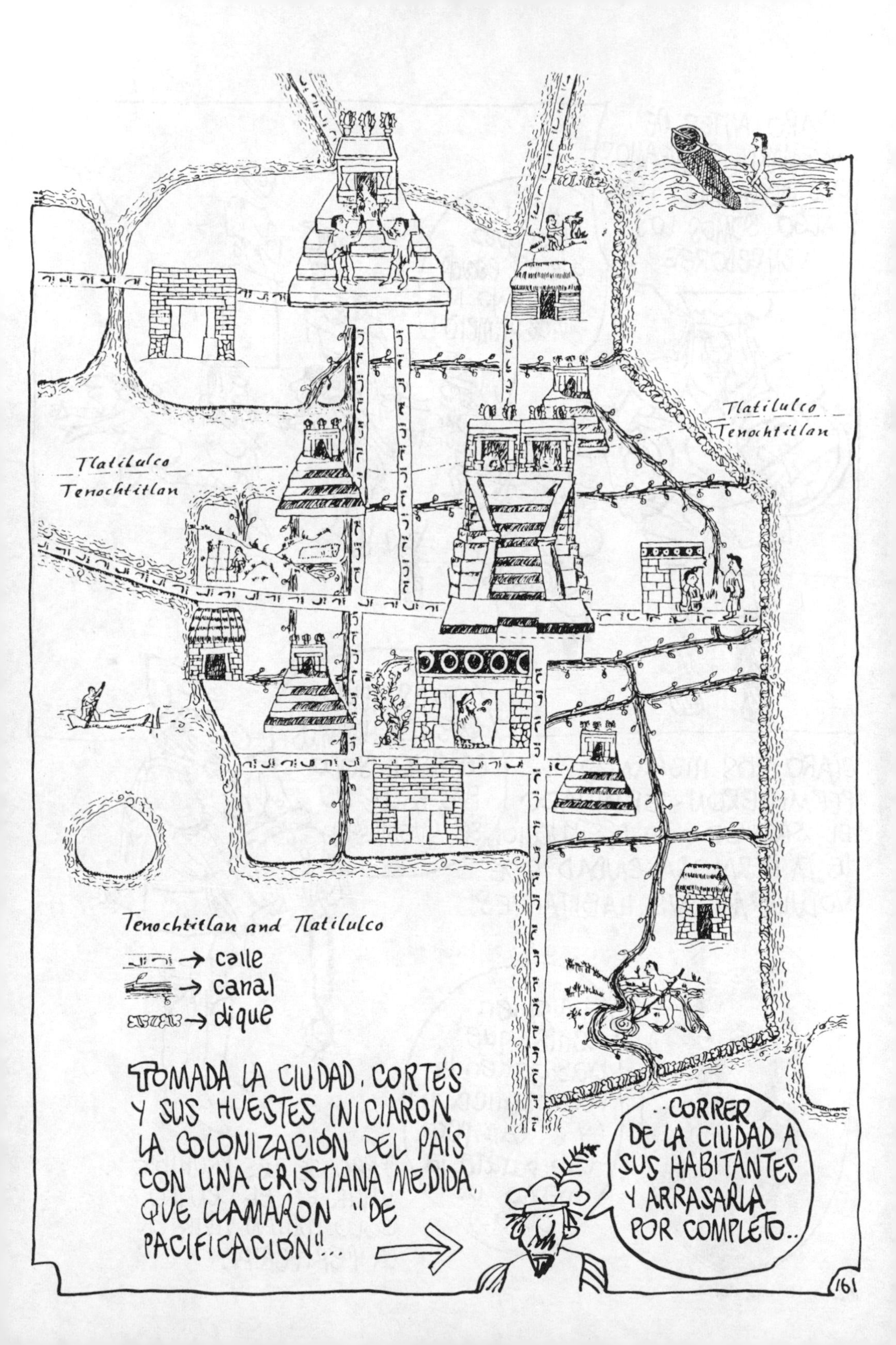
Tlatilulco
Tenochtitlan
Tlatilulco
Tenochtitlan
Tenochtitlan and Tlatilulco
→ calle
→ canal
→ dique
TOMADA LA CIUDAD, CORTÉS Y SUS HUESTES INICIARON LA COLONIZACIÓN DEL PAÍS CON UNA CRISTIANA MEDIDA, QUE LLAMARON "DE PACIFICACIÓN"...
...CORRER DE LA CIUDAD A SUS HABITANTES Y ARRASARLA POR COMPLETO..

CLARO: ANTES DE QUEMARLA, SAQUEAMOS QUE DIO GUSTO... ¡POR ALGO SOMOS LOS VENCEDORES..!
¡..Hey tú Rodríguez, que ese escudo de oro yo lo vide primero!
CLARO: LOS HISPANOS PERMITIERON -TERMINADO EL SAQUEO Y LA DESTRUCCIÓN DE LA HERMOSA CIUDAD- QUE VOLVIERAN SUS HABITANTES..
NO ES CIERTO QUE LOS HAYAMOS CORRIDO: SÓLO FUE PA'QUE NO SE QUEMARAN..
¡Alguien tenía que trabajar en la reconstrucción! (Y es tan, pero tan barata la mano de obra..)
¡PERO SE LES PROHIBIÓ VIVIR EN EL CENTRO: SÓLO PODÍAN VIVIR EN LA PERIFERIA.

Hernan Cortés.

MIRA QUE ÍDOLO MÁS RIDICULO ADORAN ESTOS SALVAJES
PADRE... ¡¡ES DE ORO!!
MANUEL

TRAS LA DESTRUCCIÓN DE LA CIUDAD, CORTÉS DECIDIÓ LEVANTAR EN SU LUGAR UNA NUEVA CIUDAD "AL ESTILO DE LAS QUE TENEMOS ALLÁ EN ESPAÑA"... CON EL TRABAJO Y SUDOR DE LOS VENCIDOS.

e recuerda que ya no manda el Cuauhtémoc: ahora mando yo !!

¡DIFÍCIL IMAGINAR PEOR HUMILLACIÓN PARA LOS MEXICAS, QUE LA DE CONSTRUIR SOBRE LAS RUINAS UNA CIUDAD ESPAÑOLA (Y GRATIS) !!

COÑO: ÉSTE HA SIDO EL MEJOR NEGOCIO DE MI PUÑETERA VIDA..!

COMO PREMIO DEL GENOCIDIO LOS CAPITANES ESPAÑOLES RECIBIERON DE LA CORONA PUEBLOS Y CIUDADES CON TODO Y SUS HABITANTES. Y -CLARO- EL MÁS BENEFICIADO FUE DON HERNÁN CORTÉS A QUIEN LE "REGALARON" DE PILÓN **28**,000 INDIOS ESCLAVOS PARA QUE EL SEÑOR NO TUVIERA Q. MOVER UN DEDO...

DICHO PREMIO RECIBIÓ EL NOMBRE DE **ENCOMIENDA** Y FUE MUY BIEN ACEPTADO..
..CON TE DEUM Y TODO
EL TOTAL DE INDIOS QUE PASARON A LA ESCLAVITUD SE CALCULA -POR LOS PROPIOS CRONISTAS HISPANOS- EN **TRES MILLONES**. TODOS MARCADOS EN LA FRENTE CON HIERRO ARDIENTE CON UNA "G" (GUERRA..)
G

ESTAS FUERON LAS "ENCOMIENDAS" PRINCIPALES ↓

Hernán Cortés { COYOACÁN, TEXCOCO Y ANEXAS, HUEJOTZINGO, OTUMBA, CHALCO, VALLE DE OAXACA, TUTUTEPEC, SOCONUSCO, TLAPA, TEHUANTEPEC, CUERNAVACA, AYOCASTLA, MATALZINGO, TUXTLA, TEPEACA, YECAPIXTLA, Y OTROS PUEBLOS HASTA SUMAR 22.

Pedro de Alvarado → XOCHIMILCO
Jerónimo de Mendieta → TEPEXPAN
Cristóbal de Oñate → CULHUACÁN
Alonso Dávila → CUAUTITLÁN
Juan de Ortega → TEPOTZOTLÁN
Diego de Ocampo → TLATELOLCO
Cristóbal Flores → TENAYUCA
J. Alonso de Sosa → COATEPEC
Fco. de Montejo → AZCAPOTZALCO
Pedro de Solís → ACOLMAN
Francisco de Verdugo → TEOTIHUACÁN
Manuel de Guzmán → TIZAYUCA
Leonor Montezuma → ECATEPEC
Hijos de Moctezuma → TACUBA
Bernardino Vázquez de Tapia → CHURUBUSCO
Gonzalo de Salazar → TEPETLAOZTOC
Bernardo de Zárate → MIXQUIC
Juan de Cuéllar → CHIMALHUACÁN etc.
Blas Bustamante → ATENCO
Juan de Cuevas → CUITLÁHUAC
Dr. Pedro López → CHICOLOAPA
J. Glez. Ponce de León → TECAMA
(siguen firmas)...

PRIMERA "GENTE BONITA" DE NUESTRA MEJOR SOCIEDAD...

(Y YA QUE ESTAMOS EN NOMBRES, VA LA LISTA DE APELLIDOS DE LOS PRIMEROS CONQUISTADORES, EN RIGUROSO ORDEN ANALFABÉTICO :)
¡ARZA: QUE VAMO A SALIR EN EL "WHO IS WHO" DEL MAESE DÍAZ DEL CASTILLO, DEL HERALDO..!

ABARCA
ÁBREGO
ACEDO
ACEVEDO
AGANDES
AGUILAR
ALAMILLA
ALANÍS
ALFARO
ALAMOS
ALBAIDA
ALBERZA
ALBUQUERQUE
ALCÁNTARA
ALDAMA
ALMONTE
ALMODÓVAR
ALONSO
ALVA
ÁLVAREZ
ALTAMIRANO
ALVARADO
AMAYA
ANGULO
ANTÓN
APARICIO
APONTE
ARVENGA
ARVOLACHE
ARÉVALO
ARMENTA
ARRIAGA
ARGÜELLO
ARNEGA
ASTORGA
ASTURIANO
ÁVILA
BALLESTEROS
BARRIENTOS
BARBA
BAUTISTA
BENAVIDES
BENÍTEZ
BERLANGA
BERRIO
BERMÚDEZ
BLASCO
BONAL
BORJA
BRIONES
BOTELLO
BUENO
BURGOS
BUSTAMANTE
CÁCERES
CALERO
CANO
CAMACHO
CANCINO
CARRASCOSA
CARRILLO
CARRIÓN
CARVAJAL
CASTILLO
CASTELLANOS
CASTRO
CATALÁN
CERVANTES
CEVALLOS
CISNEROS
CORDERO
COLMENERO
CORONADO
CORONEL
CORRAL
CORREA
CORIA
CORTÉS
CUBILLAS
CUÉLLAR
CUENCA
CUESTA
CUEVAS
CHACÓN
CHAVELAS
CHÁVEZ
DÁVILA
DELGADO

Pa'que se hagan su escudo de armas...

DÍAZ
DURAN
DOMINGO
DOMÍNGUEZ
EBORA
ECIJA
ESCALANTE
ESCALONA
ESPINOSA
ESCOBAR
ESCUDERO
ESQUIVEL
ESTRADA
EVIA
FARFÁN
FERNÁNDEZ
FLORES
FLORINES
FRANCO
FUENTES
GALÁN
GALINDO
GÁLVEZ
GALLEGOS
GÁMEZ
GARCÍA
GARNICA
GARRIDO
GARRO
GARZÓN
GÓMEZ
GODÍNEZ
GONZÁLEZ
GRANADOS
GUERRA
GRIJALVA
GUILLÉN
GUTIÉRREZ

GUZMÁN
HEREDIA
HERNÁNDEZ
HERNANDO
HERRERA
HERMOSILLO
HOYOS
HUEMES
HURTADO
ILIÁN
IRCIO
INHIESTA
IZQUIERDO
JARA
JARAMILLO
JEREZ
JIMÉNEZ
JUÁREZ
JULIÁN
LARA
LAZO
LEDESMA
LEÓN
LERMA
LAZCANO
LIMÓN
LOBO
LÓPEZ
LOZA
LOZANO
LUGO
MALDONADO
MARMOLEJO
MÁRQUEZ
MARTÍNEZ
MATA
MAYA
MAYORGA
MAZARIEGOS

MEDEL
MEDINA
MEJÍA
MIRANDA
MONGE
MONJARAZ
MONROY
MONTALVO
MONTEJO
MONTERO
MORA
MORALES
MONTES
MONTERROSO
MORENO
MORCILLO
MORÓN
NÁJERA
NAVARRO
NARVÁEZ
NIETO
NIÑO
NÚÑEZ
OCAMPO
OCAÑA
OCHOA
OJEDA
OLMOS
OLEA
ORDUÑA
ORTEGA
OROZCO
ORTIZ
OSORIO
OVALLE
PADILLA
PALMA
PÉREZ

PERAL
PINTO
POLANCO
PORRAS
PORTILLO
PRIETO
QUESADA
QUIJADA
QUINTERO
RAMÍREZ
RETES
RASCÓN
RAMOS
REGUERA
RICO
RÍO DEL (ni modo)
RODRÍGUEZ
ROJAS
ROMO
ROMERO
ROSAS
RUIZ
SAAVEDRA
SALDAÑA
SÁNCHEZ
SAUCEDO
SEGURA
SERRANO
SOLÍS
SOTO
SUÁREZ
TAPIA
TEJADA
TERRAZAS
TORRES
TREJO
TRUJILLO
VALDOVINOS
VADILLO
VILLANUEVA
YAÑEZ
ZAMORA
ZARAGOZA...

ESOS -MÁS O MENOS- FUERON LOS PRIMEROS APELLIDOS QUE HUBO EN MÉXICO..
¡PERO SI YO ME APELLIDO IXTLIXÓCHITL!

ES QUE LOS INFELICES (es un decir) CONQUISTADORES OBLIGARON -BAJO PENA DE MUERTE- A LOS VENCIDOS A NO USAR SUS NOMBRES Y APELLIDOS INDÍGENAS..

Todos los esclavos deben tomar el apellido de su amo..!
Pos, prefiero morir antes que apellidarme Turrubiates..!

POR ESO ABUNDAN EN MÉXICO LOS HERNÁNDEZ, PÉREZ, RODRÍGUEZ, GARCÍA, MARTÍNEZ, DÍAZ, NÚÑEZ, JIMÉNEZ, LÓPEZ, GÓMEZ Y GONZÁLEZ, QUE ERAN LOS APELLIDOS ESPAÑOLES MÁS COMUNES...

Y YO QUE PRESUMÍA DE TENER APELLIDO DE CONQUISTADOR.. ¡PINCHE RIUS!

EN EL COLMO DEL SADISMO, NO CONTENTOS CON DARLES SUS APELLIDOS, LOS CONQUISTADORES DEDICARON SUS ESFUERZOS (BUENO, LOS DE LOS INDIOS) A CONSTRUIR SOBRE LOS MISMOS TEMPLOS Y PIRÁMIDES INDÍGENAS, TEMPLOS, CONVENTOS Y PALACETES DIZQUE CRISTIANOS...

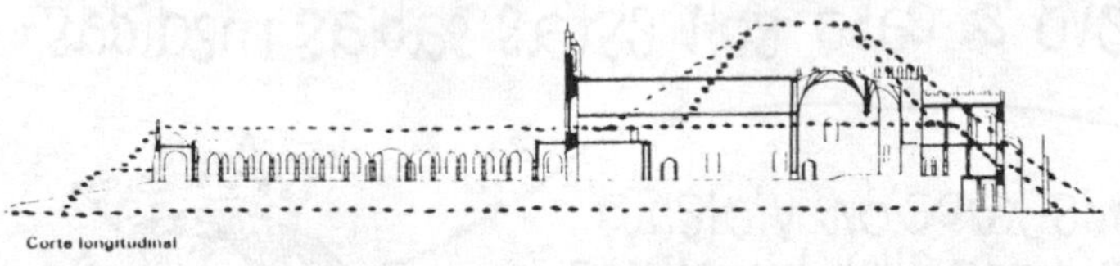
Corte longitudinal

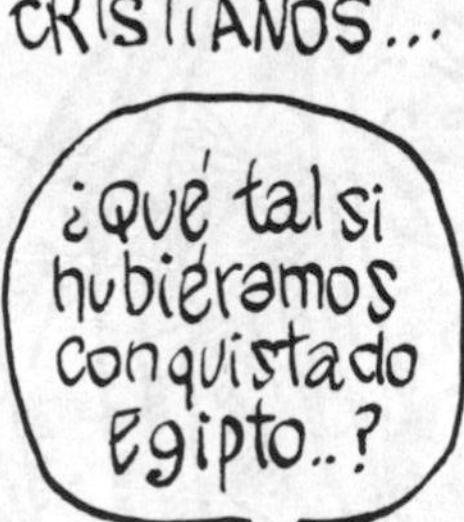
¿Qué tal si hubiéramos conquistado Egipto..?

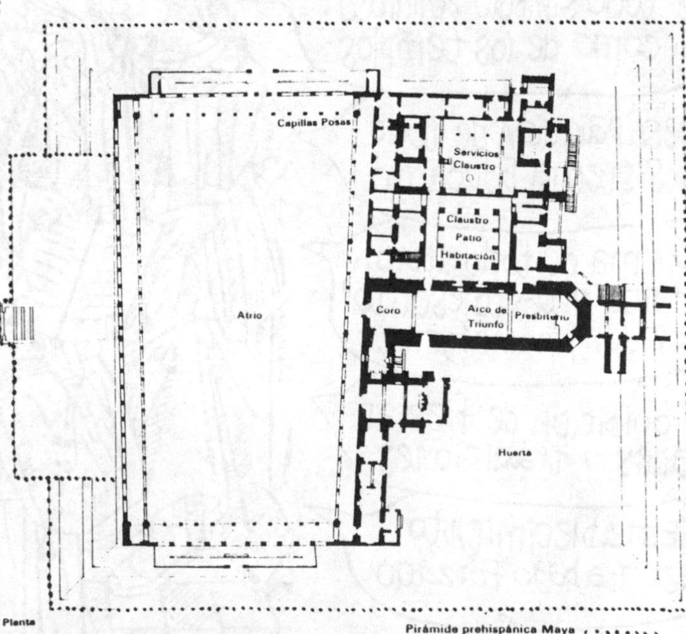
Capillas Posas
Servicios
Claustro
Claustro
Patio
Habitación
Atrio
Coro
Arco de Triunfo
Presbiterio
Huerta
Planta
Pirámide prehispánica Maya
Convento Franciscano Siglo XVI

¡AGÁRRENSE CABRONES QUE OS HA LLEGAO LA CIVILIZACIÓN CRISTIANA..!

Símbolo de la Conquista en el códice Ramírez

La Pacificación e imposición del Nuevo Orden Imperialista español se llevó a cabo con estas sabias medidas:

Destrucción violenta de todo símbolo religioso así como de los templos..

Desaparición de todo el Sistema Educativo

Quema de todo libro, códice o texto "escrito" en lengua indígena..

Prohibición de fiestas, bailes y tradiciones

Establecimiento del Trabajo Forzado

AUN HAY MÁS..

Secuestro de poblaciones enteras (LEVA) arrancándolos de sus pueblos.. para servir como soldados contra otros indios

El robo de sus productos agrícolas para alimentar al conquistador.

Obligación de todos los pueblos de aportar hasta el 10% de sus habitantes en favor de los españoles..

Implantación obligatoria de nuevos cultivos para proveer de comida hispana a los conquistadores..

Obligación forzosa de construirles casas a todos los españoles (CON TODO Y CURAS)

Prohibición a los indígenas de vestir como españoles

Y ESTA QUE PARECE LA COPIARON → MÁS TARDE LOS NAZIS:

Prohibición a los indígenas de llevar el pelo largo...

¡HEY: NO APAGAD LA LUZ QUE AÚN HAY MÁS!

Obligatoria la enseñanza del idioma español a fin de ser cristianizados... (ésta NO se llevó a cabo →)

(SE DECIDIÓ QUE MEJOR LOS FRAILES APRENDIERAN NÁHUATL..)

Pago de tributo en comida además del trabajo forzado.

Separar a los niños de sus padres para que no se influencien de idolatría

Destrucción total de la Organización Social Indígena

Eliminación física de los sabios, sacerdotes, jefes militares y caciques que se nieguen a colaborar..

Obligación a cada familia india de criar 12 gallinas y 6 guajolotes para que no les falten carne y huevos a los españoles..

Y TODO ESO SIN DEJAR DE MAMARLES LA PISTOLA..

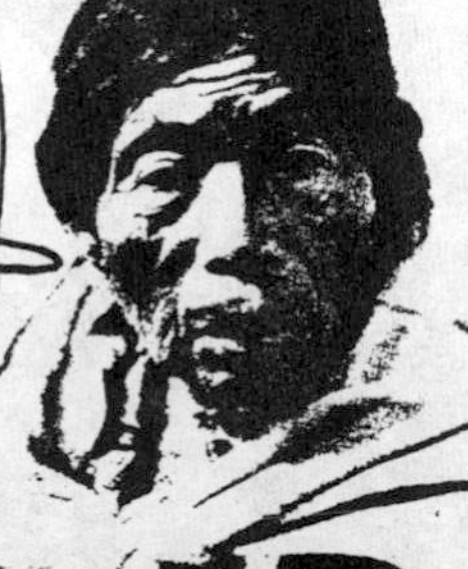

"..DIÉRONLES BESTIAS PARA QUE NO CARGUEN; Y DE LANA PARA QUE VISTAN; Y DE CARNE PARA Q. COMAN, QUE LES FALTABA. MOSTRÁRONLES EL USO DEL HIERRO Y EL CANDIL CON QUE MEJORARAN LA VIDA. HANLES DADO MONEDA PARA QUE SEPAN LO QUE COMPRAN Y VENDEN, LO QUE DEBEN Y LO QUE TIENEN. HANLES ENSEÑADO LATÍN Y CIENCIAS, QUE VALE MÁS QUE CUANTA PLATA Y ORO LES TOMAMOS... ASÍ QUE SE LIBRARON BIEN EN SER CONQUISTADOS, Y MEJOR EN SER CRISTIANOS.."
López de Gomara
(Comunicación Social de la Corona).
AH SÍ: NOS FALTABA LA OTRA MEDIDA CIVILIZATORIA:
Obligación de todos los indígenas de abrazar la fe cristiana. Los indios renuentes se castigarán con corte de pelo, azotes y prisión...
¿AH, VERDAD?

OTRA MEDIDA QUE NO QUEREMOS OLVIDAR EN EL PLAN CRISTIANIZADOR, FUE LA GROTESCA CRISTIANIZACIÓN DE LAS POBLACIONES INDÍGENAS, EL CAMBIO DE LOS NOMBRES INDÍGENAS...

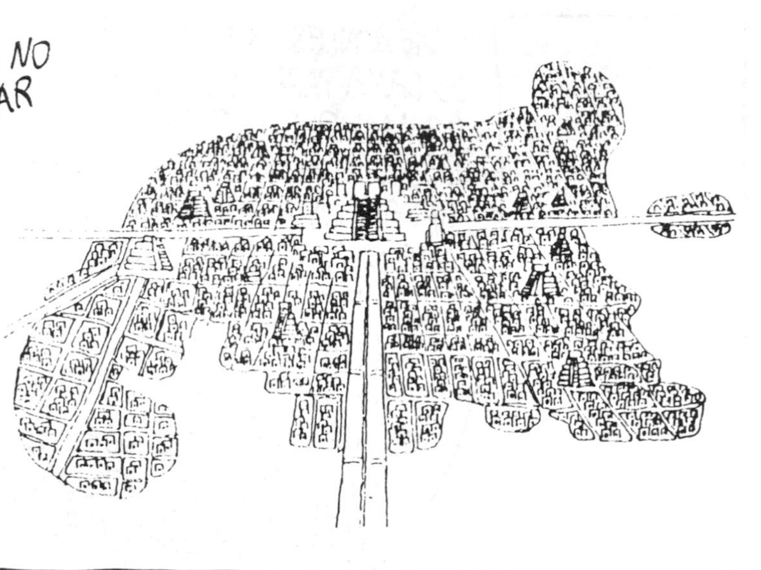

↓ algunos ejemplos ↓

AUALIZABA se convirtió en ORIZABA

COCOLLAN → COCULA
CUAUHNÁHUAC → CUERNAVACA
TLACHCO → TAXCO
YOHUALAN → IGUALA
ATLACUIHUYAN → TACUBAYA
CUANECUATA → GUANAJUATO
TZIRAPU → CHILCHOTA
TIRIACORO → COTIJA
COCOLLAN → COCULA
TLACOPAN → TACUBA
HUAYANGAREO → VALLADOLID
OCHOLOPOSCO → CHURUBUSCO
XUCUNAN → JACONA
CUAUHTOSCHO → HUATUSCO
NAPATECUTLAN → PEROTE
COCUPA → QUIROGA

Y encima a muchas les impusieron nombres de ciudades españolas:

Puebla • Zamora
Córdoba • Guadalajara
Frontera • Durango
Salamanca • Nueva
Galicia • Saltillo
Villahermosa
• etcétera...

COMO VEN, A LOS ESPAÑOLES NO SE LES DABA MUCHO EN ESO DE INVENTAR NOMBRES...
de modo que optaron por "cristianizar" (muy grotescamente) las poblaciones indígenas:
San Lorenzo Tezonco
San Cristóbal Ecatepec
San Juan Chamula
San Juan Teotihuacan
San Juan Parangaricutiro
San Mateo Nopala
Santa Ana Chiautempan
(SIN PEDIRNOS PERMISO, DESDE LUEGO...

ÓIGAME, PERO TODAS ESAS COSAS LAS IMPLANTÓ DON HERNÁN CORTÉS Y COMPAÑÍA..!
CON AYUDA DE LOS AMOS PADRECITOS, LA MAYORÍA DE ELLAS..

TODOS LOS RELIGIOSOS QUE LLEGARON A MÉXICO SE DECLARARON A FAVOR DE CORTÉS: NADIE SE PRONUNCIÓ EN DEFENSA DEL INDIO, SINO HASTA VEINTE AÑOS DESPUÉS (INCLUSO LAS CASAS) CUANDO HABÍAN DEJADO DE EXISTIR MÁS DE 20 MILLONES DE INDIOS EN A. LATINA...

NO OLVIDAR PLIS QUE EN ESE TIEMPO <u>TODOS</u> LOS ABOGADOS Y HOMBRES DE LEYES ERAN ECLESIÁSTICOS, Y QUE BUENA PARTE DE ESAS COLONIZADORAS MEDIDAS SE IMPLANTARON TRAS LA LLEGADA DE LOS FRAILES...

NO ME DIGA QUE TAMBIÉN LOS FRAILES DE SAN FRANCISCO TENÍAN ESCLAVOS..
GULP: PUES SÍ HIJITA..

Por desgracia de la Iglesia tenemos que informar que <u>TODOS</u> los curas y frailes y obispos tuvieron esclavos a su servicio, incluyendo a Bartolomé de las Casas..

GULP..

¿QUIÉN CREÍAN USTEDES
QUE HÍZOLES SUS IGLESIAS
Y CONVENTOS..?

Con todo el sadismo del mundo, los señores curas y frailes obligaron al indígena, primero a destruir sus templos, y luego a construir los nuevos de su "nueva" creencia...

Convento del Carmen

ENTRE 1530 Y 1600 LA SANTA MADRE IGLESIA UTILIZÓ LA MANO DE OBRA ESCLAVA PARA POBLAR EL PAISAJE MEXICANO CON CAPILLAS, IGLESIAS Y MONASTERIOS

Vista de Cholula

LOS FRANCISCANOS = 70 GRANDES MONASTERIOS
LOS AGUSTINOS = 77
LOS DOMINICOS = 60
(TODOS CON SU RESPECTIVA IGLESIA, CLARO..
Y DE GRAN LUJO Y
FABRICACIÓN..)

PUEBLA. — Vista de la catedral

¡¡SE NOS HA DICHO Y NOS SATISFACE, QUE EN NUESTRO QUERIDO MÉXICO HAY MÁS IGLESIAS Q. EN ITALIA!!
Papa Noséqué.
Sí, REVERENDO SEÑOR..
PERO LO QUE NO LE HAN DICHO ES QUE CADA EDIFICIO RELIGIOSO SE LEVANTÓ A EXPENSAS DE LA DESTRUCCIÓN DE UNA CULTURA Y DEL DECLINAMIENTO DE UNA RAZA QUE DIO SU VIDA PARA CONSTRUIRLOS..
¿de dónde saca la Iglesia que los templos son suyos?
179

AUNQUE EN 1542 ACABARON LAS ENCOMIENDAS, SIGUIÓ LA ESCLAVITUD, ABIERTA O DISFRAZADA DE "TRIBUTOS"!...

TEMPLO DE SANTA MONICA - GUADALAJARA

DESDE ENTONCES HASTA LA FECHA, LOS INDIOS HAN CONSTRUIDO, CASI COMO ESCLAVOS, TODOS LOS TEMPLOS, CONVENTOS, ESCUELAS, PALACIOS DE GOBIERNO, HACIENDAS, HOSPITALES, ACUEDUCTOS, CATEDRALES, CASAS PÚBLICAS Y PRIVADAS, OLEODUCTOS, CALLES, PRESAS, DRENAJES PROFUNDOS, RASCACIELOS, CARRETERAS, OBISPADOS Y METROS DEL PAÍS...

¿MÁS MEZCLA, MÁISTRO?
¿TÚ CRES QUE NOS INVITEN AL BAILONGO DEL 5º CENTENARIO, PETERETE?

QUIZÁS PARA FESTEJAR LOS 500 AÑOS, LA IGLESIA RECIBIÓ LA AUTORIZACIÓN OFICIAL DE TENER PROPIEDADES -- ¡QUÉ POCA!
¡PUES YO INSISTO EN Q. LA IGLESIA NO TENÍA ESCLAVOS..!
DANIEL NURIEGA

CATEDRAL METROPOLITANA - D. F.

EL NOMBRE ES LO DE MENOS. SE LES LLAMABA "TRIBUTARIOS", Y LA HISTORIA NOS DICE QUE EN 1570, 38 **FRANCISCANOS** TENÍAN 45,550 INDIOS
30 **DOMINICOS** TENÍAN 20,200
9 **AGUSTINOS** EXPLOTABAN A 7,400 Y
9 CURAS TENÍAN 22,150 "TRIBUTARIOS"

Ese mismo año había en México ya más curas que encomenderos..

LOS AGUSTINOS "HEREDARON" LOS ESCLAVOS DE CORTÉS EN TEXCOCO, Y LOS DOMINICOS LOS DE CHALCO. (LOS CURAS PROTESTARON POR ESE FRAILUNO FAVORITISMO!)

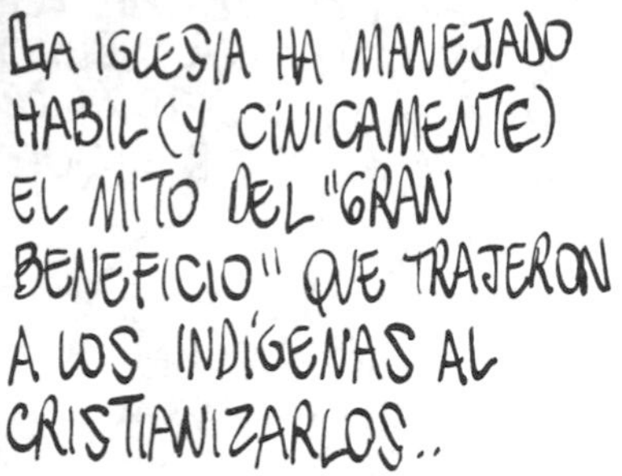
LA IGLESIA HA MANEJADO HABIL (Y CINICAMENTE) EL MITO DEL "GRAN BENEFICIO" QUE TRAJERON A LOS INDÍGENAS AL CRISTIANIZARLOS..

ycmoquayateq que tlatoque
¡les sacamos al demonio que tenían dentro!

¡coño..! ¡les enseñamos a leer y escribir en un idioma civilizado..!
¡..los educamos, en una palabra!
¡les enseñamos artes y oficios, y sobre todo les dimos la verdadera y muy única RELIGIÓN..!
(mentiras piadosas)

COMO ESTAMOS HASTA EL GORRO DE ESTAR OYENDO Y LEYENDO ACERCA DE LAS GLORIAS DE LA IGLESIA Y SU "HUMANA" LABOR EVANGELIZADORA EN PRO DE LOS INDIOS. HEMOS DECIDIDO, EN UN RAPTO DE ANTICLERICALISMO ABRIR UN CAPÍTULO DONDE SE TRATARÁ DE DEMOSTRAR LO CONTRARIO. ES DECIR:
la conquista espiritual, primer paso al eterno Subdesarrollo
O SEA, CAPÍTULO
7

EN TODA LA HISTORIA DE LA HUMANIDAD NINGÚN PUEBLO INVASOR Y COLONIZADOR SE HA PREOCUPADO POR EDUCAR AL PUEBLO INVADIDO Y COLONIZABLE. ¿POR QUÉ?
FRAY JERÓNIMO DE MENDIETA RESPONDE:
"..los indios tienen mucha capacidad, pero los instruidos se vuelven menos dóciles y resignados que los ignorantes.."
¿CONCLUSIÓN LÓGICA?
No los eduquen ni instruyan: nomás cristianícenlos..
SIGUE MENDIETA:
"la 1er condición muy favorable de ellos es ser gente pacífica y mansa; la 2a es simplicidad, por la cual son fáciles de engañar.. la 3a es pobreza y contentamiento con ella..."

¿QUE MÁS, FRAY..?
"De humildad hartos ejemplos se pueden colegir. De obediencia lo son más que los novicios en todas las religiones... ¡La paciencia de los indios es increíble.!"
LA INTENCIÓN DE CRISTIANIZAR AL INDÍGENA FUE MUY CLARA. SE LES CRISTIANIZÓ PARA:
■ preparar buenos cristianos
■ dóciles vasallos y
■ hábiles artesanos al servicio de los españoles...
"Si nosotros no defendiésemos a los indios, vosotros no tendríades quien os sirviere.."
MENDIETA
HOSTIA, ES VERDAD..

La llegada de misioneros fue en principio muy mal vista por los conquistadores militares: después comprendieron..
¡nos van a quitar nuestras indias!
imbécil: vienen a reforzar al equipo..!
REAL MADRID 3
REAL MADRID 7

Sólo cristianizados se podía explotar con facilidad a los indios. La doctrina católica predicaba (y predica) todo lo necesario para la colonización de los aborígenes.

A SABER:

- Obediencia ciega a los dogmas de la Iglesia.
- Sumisión a las Autoridades.
- Adoración a la Virgen y los Santos.
- Amor filial y respeto a los "Padres".
- Respeto a los intelectuales.
- Servilismo al rico y poderoso.
- Gratitud hacia los militares.
- Obediencia a las leyes de la Iglesia y sus ritos.
- Sostener a los Padrecitos.

ASÍ, TODAS LAS ESCUELAS QUE FUNDARON LOS MISIONEROS ESTABAN DESTINADAS A ENSEÑAR A LOS INDIOS LA DOCTRINA CRISTIANA: NUNCA SE TRATÓ DE ENSEÑARLES A LEER Y ESCRIBIR EL ESPAÑOL; AL CONTRARIO, LOS FRAILES SE DEDICARON A APRENDER LAS LENGUAS INDÍGENAS... Y ESO ÚNICAMENTE POR LA NECESIDAD DE CRISTIANIZARLES

"No se debe permitir que los hijos de los populares entren en las escuelas ni aprendan letras, sino sólo los hijos de los principales..."
CÓDIGO FRANCISCANO
"Sus lenguas son una muestra del escaso desarrollo cultural al que han llegado, pues tales lenguas me parecen voces iliteratas de brutos o pájaros, que no se pueden escribir ni apenas pronunciar..."
FDO. ORTIZ DE HINOJOSA.
(catedrático)
PERO HAY QUE ENSEÑAR A ALGUNOS POCOS EL CASTELLANO: ¡NECESITAMOS TRADUCTORES!
"Los indios están hechos para ser mandados, no para mandar"
MENDIETA

Fr. Angel
Fr. Martin de Jesus.
sus mugeres.


LA IGLESIA SIEMPRE VIO AL INDIO COMO UN SER INFERIOR, INDIGNO INCLUSIVE DE SER CRISTIANO, Y MUCHO MENOS DE INGRESAR A LA IGLESIA COMO MONJE O SACERDOTE: EL CONCILIO DE 1555 EN ROMA PROHIBIÓ QUE FUERAN CONSAGRADOS COMO SACERDOTES (Ni siquiera los admitían como "legos")

NO: COMO CONOCEN EL PAÍS MEJOR QUE NOS, LUEGO NOS QUITAN EL NEGOCIO..


POR MÁS DE UN SIGLO TODO EL CLERO FUE ESPAÑOL. EL PRIMER SACERDOTE CRIOLLO FUE ORDENADO EN PUEBLA EN 1681, Y NO TENEMOS NOTICIAS DE CUÁNDO HUBO UN SACERDOTE INDÍGENA DE ORIGEN. (YA: EN 1695).

La Iglesia Católica Espanola fue la primera institución en el mundo que practicó el RACISMO..

EN PLENO 1679 SE PROHIBÍA SER SEMINARISTA A QUIEN NO FUERA "puro de sangre, sin rastros de sangre mora, judía, gitana o negra, ni mestizos, ni mulatos"

El Ministro de estos Castigos.
los floxos.
hechizeros
los homicidas
los lasivos.


ESPAÑA INVENTÓ EL RACISMO PERSIGUIENDO A MOROS Y JUDÍOS (AUNQUE FUERAN CATÓLICOS) POR CUESTIÓN DE RAZA, ALEGANDO "LA PUREZA DE LA SANGRE".

EL ACCESO AL NUEVO MUNDO FUE PROHIBIDO A LOS MOROS, GITANOS O JUDÍOS, O SUS HIJOS, Y A CUALQUIERA QUE NO FUERA "PURO DE SANGRE".

ESE "CRISTIANO" RACISMO LO TRAJERON A AMÉRICA...

SÍ, TENEMOS QUE RECONOCER QUE EL CRISTIANISMO QUE IMPUSIMOS EN AMÉRICA NO TENÍA MUCHO DE CRISTIANISMO...

CON MUY CONTADAS EXCEPCIONES (LAS CASAS, MOTOLINÍA, PEDRO DE GANTE, VASCO DE QUIROGA, KINO EN MENOR GRADO) EL CLERO CONQUISTADOR SE COMPORTÓ MÁS COMO ESO^ Q. COMO CRISTIANO..

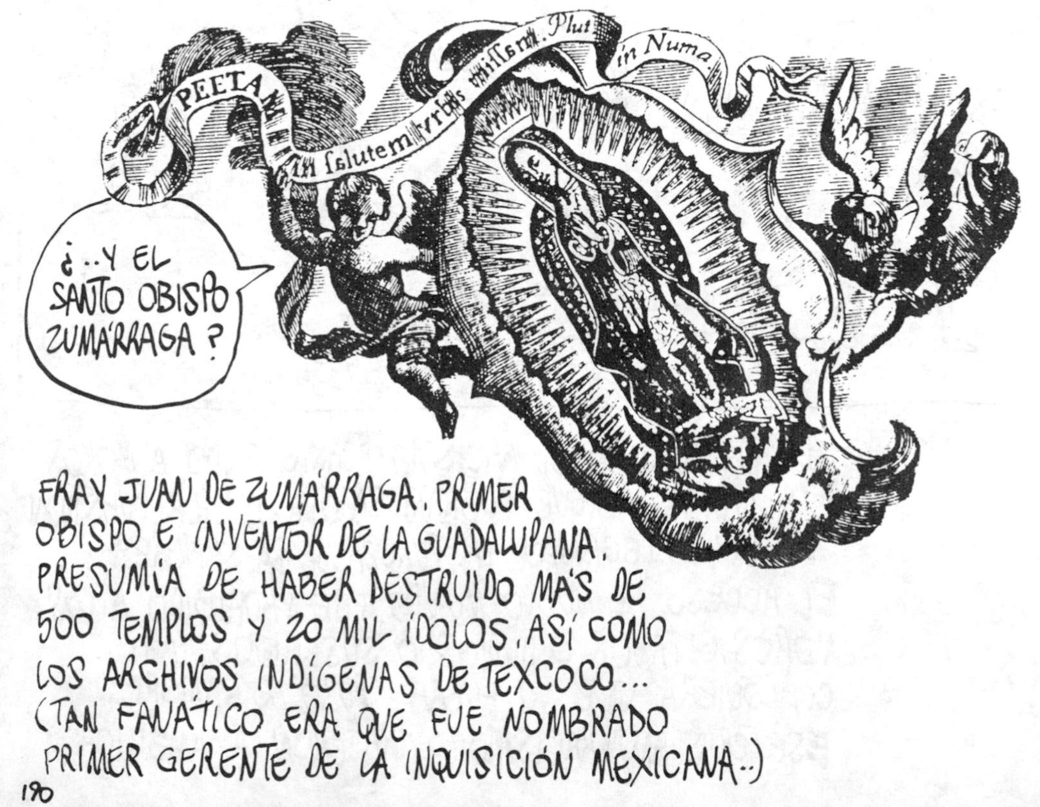
¿...Y EL SANTO OBISPO ZUMÁRRAGA?
in Numa
FRAY JUAN DE ZUMÁRRAGA, PRIMER OBISPO E INVENTOR DE LA GUADALUPANA. PRESUMÍA DE HABER DESTRUIDO MÁS DE 500 TEMPLOS Y 20 MIL ÍDOLOS, ASÍ COMO LOS ARCHIVOS INDÍGENAS DE TEXCOCO... (TAN FANÁTICO ERA QUE FUE NOMBRADO PRIMER GERENTE DE LA INQUISICIÓN MEXICANA..)

PERO NO SÓLO ERA EXPERTO EN APARICIONES... ¡TAMBIÉN EN DESAPARICIONES!
En 1539 mandó quemar vivo y en público al cacique de Texcoco, y en 1543 al de Yanhuitlán... a ambos por no quererse declarar cristianos...

"ALGUNOS PADRES DE DOCTRINA SE COMPORTAN COMO VERDUGOS PORQUE, PERSONALMENTE, CON SUS PROPIAS MANOS CASTIGAN AFRENTOSAMENTE Y SIN MIRAMIENTOS, AZOTAN DESNUDOS Y EN CUEROS A LOS INDIOS, SIN FIJARSE SI LAS VÍCTIMAS SON INDIOS PRINCIPALES Y COMUNES. DE ESTE MODO EL PADRE VERDUGO AZOTÓ AL CACIQUE D. FRANCISCO AUQUIQUIA. OTRAS VECES LE ENCARGAN A LOS FISCALES O ALCALDES Q. ATORMENTEN A LOS INDIOS O INDIAS, MOSTRÁNDOSE RABIOSOS, COLÉRICOS Y SOBERBIOS..."

(Crónicas de Guamán Poma)

por fuerza alas yñs
y le da palos y no le paga

"LOS PADRES DE DOCTRINA HACEN HILAR Y TEJER ROPA, POR LA FUERZA, A LAS INDIAS, AMENAZÁNDOLAS CON CASTIGARLAS, Y CON EL PRETEXTO DE QUE ESTÁN AMANCEBADAS, LES DAN DE PALOS Y NO LES PAGAN POR SU TRABAJO. ADEMÁS, TIENEN A SU DISPOSICIÓN INDIAS EN SUS COCINAS, Y PARA TODA CLASE DE USO, MANTENIÉNDOLAS ENCERRADAS EN CALIDAD DE DEPOSITADAS.."

# FRAILE AGUSTINO

brabo y colerico soberbioso
dios y de la justicia

"LOS REVDOS. FRAILES AGUSTINOS FUERON RABIOSOS, ABUSIVOS Y VIOLENTOS; GENERALMENTE MALTRATABAN A LOS CACIQUES Y DABAN DE PALOS A LOS INDIOS, CON POCO TEMOR DE DIOS Y LA JUSTICIA. Y CUANDO ENCONTRABAN ORO, PLATA Y COMIDA, SE LO LLEVABAN POR LA FUERZA, QUITÁNDOSELOS A LOS POBRES INDIOS.."

(Guamán Poma / CRÓNICAS)

FRAILE MERZENARIO MOR

CASTIGA CRVELMEN
dotrina
castiga

SIGUE GUAMÁN POMA

"El Fraile mercedario Morúa fue tan bravo y abusivo que maltrataba en su doctrina a los indios e indias haciéndolos trabajar a palos. A las solteras las hacía hilar y tejer, amenazando con matar a los que se opusieran.."

"Los Rvdos. Dominicos eran bravos y soberbios, tenían tan poco temor de Dios y la justicia, que en sus doctrinas castigaban cruelmente a los indios e indias para hacerles trabajar los tejidos.."

"LOS PADRES Y CURAS DE DOCTRINAS, DESPUÉS DE HACERLOS CARGAR DESNUDOS, AZOTABAN CRUELMENTE A NIÑOS Y NIÑAS, A QUIENES TENÍAN ENCERRADOS, A PESAR Q. SEGÚN LEYES Y ORDENANZAS, LOS NIÑOS DEBÍAN ENTRAR A LOS 5 AÑOS Y SALIR A LOS 7 A SERVIR A LAS COMUNIDADES..."

"..los Padres aprovechan para juntar muchachas de 10 años, a quienes las tenian encerradas hasta los 20 años y algunas hasta los 40 para hacerlas trabajar y tenerlas ocupadas de acuerdo a sus intereses.."
P.
FRAILE DOMINICO MVI
¿Sabian ustedes que los frailes obligaban a los niños "cristianos" a denunciar a sus idólatras padres..?
AH, QUÉ BUEN CRISTIANO ESTÁS SALIENDO..
Y EN LA TARDE SALE A ROMPER ÍDOLOS CON SUS AMIGOS..
(HITLER, STALIN Y MACARTHY RESULTARON MUY BUENOS DISCÍPULOS)

... LOS INDIOS TRABAJABAN DE SOL A SOL, Y SIN EMBARGO SE LES OBLIGABA A ASISTIR SU DÍA DE DESCANSO (EL DOMINGO) A LAS CEREMONIAS DE LA IGLESIA, BAJO PENA DE AZOTES O PRISIÓN (EN LAS CÁRCELES Q. TODO CONVENTO TENÍA) SI NO ASISTÍA CON SU FAMILIA...

TIENES QUE SUFRIR COMO N. SR. CRISTO SUFRIÓ...

SÍ, LAS TORTURAS HACIA LOS INDIOS QUE NO SE DEJABAN CRISTIANIZAR RÁPIDO Y DE BUEN MODO, ERAN PRÁCTICA COMÚN ENTRE LOS CURAS.

Sobre todo en el clero secular, el peor de todos..
Sahagún

■ SI AGUSTINOS Y DOMINICOS TENIAN FAMA EN LA NUEVA ESPAÑA DE VIVIR A COSTILLAS DE LOS INDIOS, LOS PADRES DEL CLERO SECULAR LLEGARON A LOS PEORES EJEMPLOS DE CORRUPCIÓN Q. OBLIGARON AL VATICANO A INTERVENIR.

Sí, con esos ejemplos ahora los indios se portan como curas..
Sí: ya mienten, juran y roban como cristianos..

EN 1575 LA CONDUCTA DEL CLERO SECULAR ERA TAN ESCANDALOSA, QUE EL ARZOBISPO DE MÉXICO, PEDRO MOYA DE CONTRERAS TUVO QUE ESCRIBIR UN INFORME AL REY –QUE ERA QUIEN LES PAGABA– DENUNCIANDO LA CLERICAL CORRUPCIÓN:

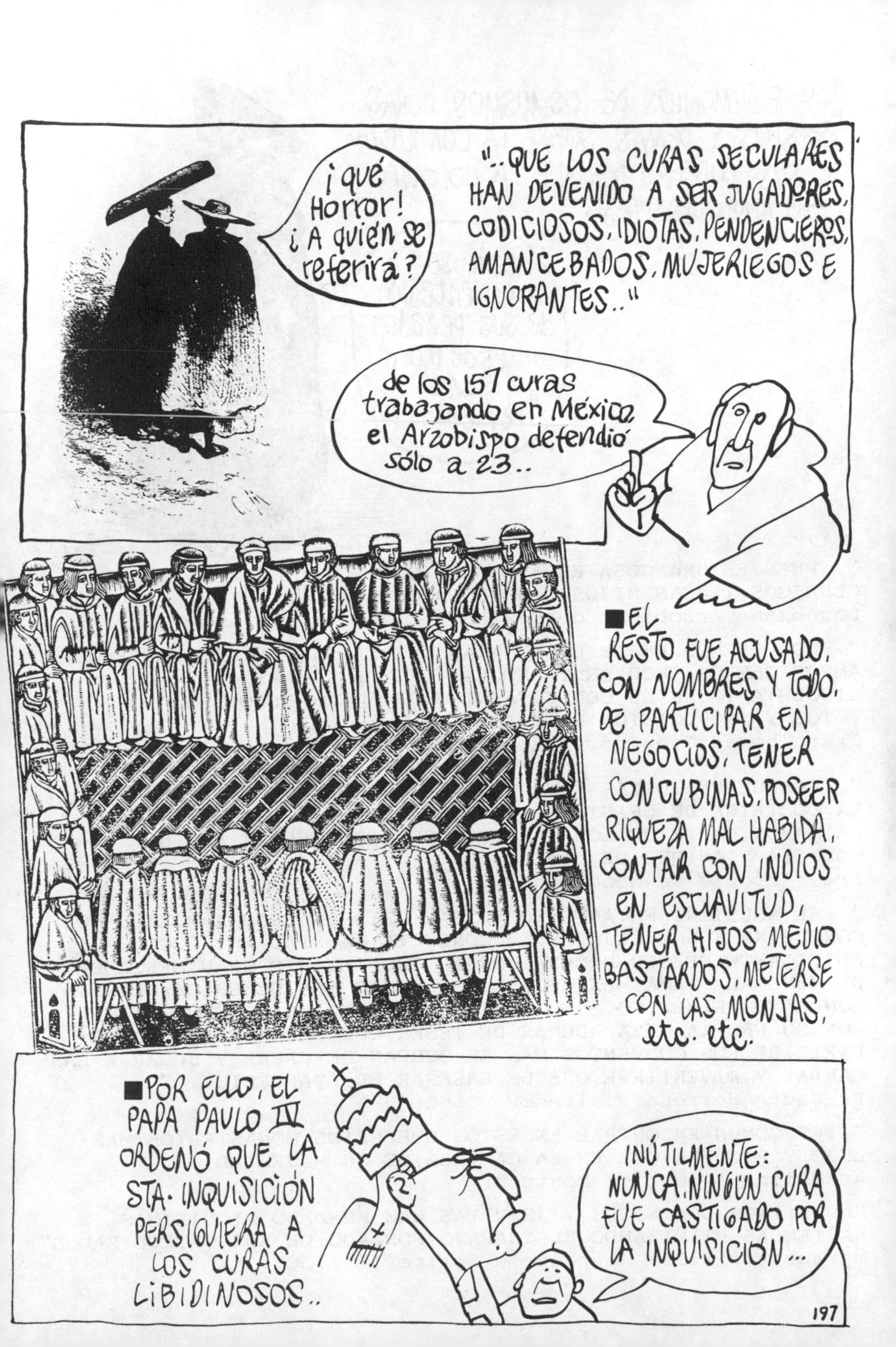
¡qué Horror! ¿A quién se referirá?
"..QUE LOS CURAS SECULARES HAN DEVENIDO A SER JUGADORES, CODICIOSOS, IDIOTAS, PENDENCIEROS, AMANCEBADOS, MUJERIEGOS E IGNORANTES.."
de los 157 curas trabajando en México, el Arzobispo defendió sólo a 23..
EL RESTO FUE ACUSADO, CON NOMBRES Y TODO, DE PARTICIPAR EN NEGOCIOS, TENER CONCUBINAS, POSEER RIQUEZA MAL HABIDA, CONTAR CON INDIOS EN ESCLAVITUD, TENER HIJOS MEDIO BASTARDOS, METERSE CON LAS MONJAS, etc. etc.
POR ELLO, EL PAPA PAULO IV ORDENÓ QUE LA STA. INQUISICIÓN PERSIGUIERA A LOS CURAS LIBIDINOSOS..
INÚTILMENTE: NUNCA, NINGÚN CURA FUE CASTIGADO POR LA INQUISICIÓN...

LOS TESTIMONIOS DE LOS MISMOS CURAS, OBISPOS Y DEMÁS SOBRE LA CONDUCTA DE SUS COLEGAS DURANTE LA COLONIA SON APABULLANTES:
Bah: se arrepiente uno de sus pecados antes de morir ¡y santo remedio..!

"..PUES ES UNA COSA ESCANDALOSA QUE LOS OBISPOS Y CLERIGOS TENGAN HIJOS SIN RECONOCERLOS.."
Lorenzana, Arzobispo de México

"..NO PODEMOS DEJAR DE SEÑALAR QUE LA VIDA Y COSTUMBRES DE AMBOS CLEROS, SECULAR Y REGULAR, ES DE LO MAS DISOLUTA Y QUE SU CONDUCTA NIEGA POR COMPLETO SUS VOTOS Y SU VOCACION RELIGIOSA.."
Fray Thomas Gage/dominico inglés 1625

"..PORQUE UNA DELAS MAYORES PESTILENCIAS QUE PADECE LA DOCTRINA DE CRISTO EN LA NUEVA ESPAÑA, ES QUE LA MAYOR PARTE DE LOS CLERIGOS SE CARACTERIZA POR SU CODICIA Y AVIDEZ DE DINERO.."
Fray Antonio de Mendieta

"..EL AGUSTINO FR. ANTONIO DE SAN YSIDRO LLEGO A MEXICO CON CONCUBINA E UNA HIJA, Y SU CONDUCTA HA SIDO MUY POCO EDIFICANTE, DE SER HOMBRE CARNAL, PROPIETARIO, GRAN MERCADER DE MUY MALA FAMA, MAXIME QUE SU PUESTO ERA DE PRIOR DEL CONVENTO DE MEXICO. EL CURA DIEGO DIAZ DE OCUITUCO, VIVE CON SU PROPIA HIJA, ADEMAS DE TENER CONCUBINA. EN LA MAYOR PARTE DE LOS CONVENTOS MAS SE OCUPAN DE CAZAR Y JUGAR A LAS CARTAS Y DIVERTIRSE, QUE DE ENSEÑAR EL EVANGELIO..."
Fr. Pedro Herrera, Visitador. 1562

"..ES COMUN ENCONTRAR EN ESTOS SOBERBIOS MONASTERIOS MAS LUJO Y RIQUEZA QUE EN LA CAPILLA DE SU MAJESTAD.."
Arzobispo Alonso de Montufar

"AGUSTINOS, DOMINICOS Y JESUITAS HAN FUNDADO RIQUISIMAS HACIENDAS UTILIZANDO EL TRABAJO FORZADO DE SUS CATEQUIZADOS"
Marqués de Villa Manrique a Felipe II /1587

¡Pura envidia!

CON EL PASO (REDOBLADO) DE LOS AÑOS LA IGLESIA SE CONVIRTIÓ EN EL MAYOR LATIFUNDISTA DE MÉXICO.

DE LOS 31 VIRREYES QUE HUBO EN MÉXICO, 10 ERAN ECLESIÁSTICOS, Y OBVIO ES DECIRLO, ACABARON RICOS

Pero los peores latifundistas y hacendados eran los JESUITAS!!

En su informe al Papa don Inocente X, señalaba el Obispo Palafox y Mendoza:

"LOS JESUITAS TIENEN LAS MEJORES HACIENDAS, Y SÓLO EN DOS DE SUS SEMINARIOS TIENEN 300 MIL OVEJAS Y MUCHAS CABEZAS DE GANADO. TIENEN LAS 6 MEJORES HACIENDAS AZUCARERAS Y CADA UNA PRODUCE UNO Y MEDIO MILLONES DE PESOS DE ORO. ADEMÁS TIENEN HACIENDAS DE TRIGO Y MUY RICAS MINAS..."
1647

(ESOS fueron LOS EVANGELIZADORES...)

ESTÁ BIEN, PADRECITO: JURO QUE CREO EN DIOS, EN LA VIRGEN Y EN TODOS LOS SANTOS.. ¡TE LO JURO POR TLÁLOC!

LA "CRISTIANIZACIÓN" INDÍGENA PODRÍA CALIFICARSE COMO DE RISA LOCA, SI NO HUBIERA SIDO IMPUESTA POR LA FUERZA..

EGO TE BAPTIZO IN NÓMINE PATRIS ET
¡ACÁ NO NOS SALPICAROOON!
AGUA BENDITA S.A.

EL MÉTODO MÁS POPULAR PARA CRISTIANIZAR INDIOS ERAN LOS BAUTISMOS EN BOLA: UN SERMÓN ININTELIGIBLE PARA LOS INDIOS, UNA ASPERSIÓN DE AGUA BENDITA Y LISTO: YA ERAN "CRISTIANOS"...

PERO PARA EL INDÍGENA, ERA COMO UNA CREDENCIAL DEL PRI..
Volverse cristiano fervoroso era garantía de sobrevivir, no pagar impuesto y bajarle a la esclavitud..

¿SI TE BAUTIZAN DEJAS DE SER ESCLAVO..?
NADA MÁS DE TUS PASIONES, DICE EL CURA..
BAUTIZADO, EL INDÍGENA SABÍA QUE NO SERÍA TAN MALTRATADO POR LA SOLDADIZA HISPANA, Y QUE SERÍA "PROTEGIDO" POR LA IGLESIA QUE, CON ESE ACTO LOS COMPRABA (EN TODOS SENTIDOS).
Son mejores amos los frailes que los curas y los soldados y civiles..

PÁGINA DE UN CATECISMO PARA INDIOS.

ASÍ QUE PARA SEGUIR CON VIDA, NUESTROS ANTEPASADOS SIMULARON SER CRISTIANOS, Y POR DEBAJO DEL AGUA SIGUIERON EN SU FE, SUS ÍDOLOS Y SUS COSTUMBRES..

¡coño: debajo de cada altar cristiano vive un ídolo pagano!
(Y SI NO, QUE LO DIGA LA VIRGEN DE GUADALUPE..)

PORQUE MUCHICHÍSIMO ANTES DE LA LLEGADA DE LOS ESPAÑOLES YA SE VENERABA EN LAS FALDAS DEL TEPEYAC LA IMAGEN DE LA DIOSA-MADRE **TONANTZIN** Y TAMBIÉN MUCHO ANTES DE CORTÉS, YA SE VENERABA EN ESPAÑA A LA VIRGEN DE GUADALUPE, QUE ES —CURIOSAMENTE— UNA VIRGEN **MORENA**.

ESTANDARTE DE HERNÁN CORTÉS.

"EN EL CERRO DE GUADALUPE (TEPEYAC) DONDE HOY ES CÉLEBRE SANTUARIO DE LA VIRGEN DE GUADALUPE. TENÍAN ÉSTOS UN ÍDOLO DE LA DIOSA LLAMADA TONANTZIN A QUIEN CELEBRAN FIESTA EL MES LLAMADO TITITL (diciembre).. ... Y CUANDO VAN A LA FIESTA DE LA VIRGEN SANTÍSIMA DICEN (LOS INDIOS) QUE VAN A LA FIESTA DE TONANTZIN" (P. Jacinto de la Serna) 1655

---

"EN EL CERRO DONDE ESTÁ NTRA. SRA. DE GUADALUPE ADORABAN UN ÍDOLO DE UNA DIOSA QUE LLAMABAN TONANTZIN, QUE SIGNIFICA "nuestra madre" Y ESTE MISMO NOMBRE DAN A NTRA. SEÑORA..."

Fray Martín de León / 1611

LA ALQUIMIA -OTRA APORTACIÓN ESPAÑOLA A LA VIDA NACIONAL- CONVIRTIÓ A LAS 2 VÍRGENES (Y MADRES) EN UNA SOLA: LA VIRGEN MORENA DE GUADALUPE (made in mexico)

VIVA
IXXR
S. MA D
GUIA
DAL
UPE.

MISMA VIRGEN QUE AÑOS DESPUÉS APROVECHARÍA EL CURA HIDALGO EN SU ESTANDARTE ↑ PARA HACER QUE LOS INDÍGENAS LO SIGUIERAN EN LA EPOPEYA DE IR A COGER GACHUPINES (Y GACHUPINAS...)

QUE FUE CUANDO SE LES APARECIÓ JUAN DIEGO..

(Y HASTA LA FECHA, SE HAN SEGUIDO DESCUBRIENDO ÍDOLOS DEBAJO DE LOS ALTARES CATÓLICOS...)

POS CLARO: NO EN BALDE TODAS LAS IGLESIAS LAS HICIMOS LOS INDIOS...

"ASI FUE QUE ENTRÓ A NOSOTROS LA TRISTEZA, QUE ENTRÓ A NOSOTROS EL CRISTIANISMO. PORQUE LOS MUY CRISTIANOS LLEGARON AQUÍ CON EL VERDADERO DIOS, PERO ÉSE FUE EL PRINCIPIO DE NUESTRA MISERIA, EL PRINCIPIO DEL TRIBUTO, EL PRINCIPIO DE LA LIMOSNA, LA CAUSA DE QUE SALIERA LA DISCORDIA OCULTA, EL PRINCIPIO DE LAS PELEAS, EL PRINCIPIO DE LOS ATROPELLOS, EL PRINCIPIO DE LOS DESPOJOS DE TODO, EL PRINCIPIO DE LA ESCLAVITUD POR DEUDAS, EL PRINCIPIO DE LAS CONTINUAS REYERTAS, EL PRINCIPIO DEL PADECIMIENTO...

¡FUE EL PRINCIPIO DE LA OBRA DE LOS ESPAÑOLES Y DE LOS PADRES..!"

(El Libro del Chilam Balam de Chuyamel.)

Que no llore el escuincle: el Bautizo es para librarlo de sus pecados.. ¡Si se muere orita, SE VA al CIELO derechito!

¿PECADOS UN NIÑO RECIÉN NACIDO..? (SI USTED NO LO ENTIENDE, IMAGÍNESE LOS INDIOS EN 1540.)

ASÍ FUE LA COSA: VOLVIERON CRISTIANOS A LOS POBRES INDIOS POR LA FUERZA Y LA AMENAZA (COMO VOLVIERON LOS SOVIÉTICOS "SOCIALISTAS" A TODO SU EX-BLOQUE), TRAUMATIZANDO DE PASO A MEDIO MÉXICO:

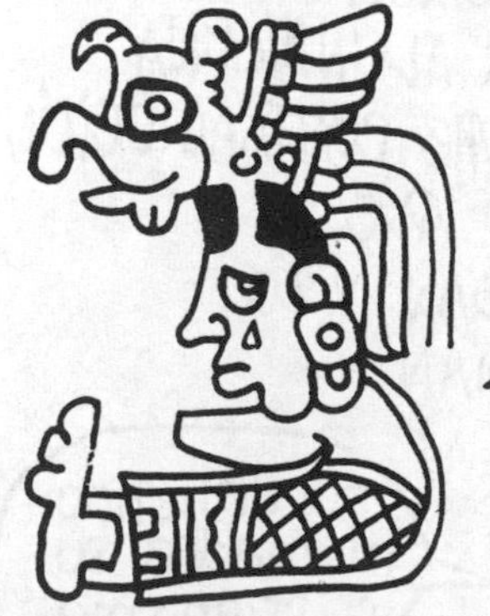
"No quiero ser ni cristiano, ni indio. Los cristianos dicen "no juren, ni hurten a las mujeres a nadie", pero ellos no hacen más que renegar y cogerse cuanta mujer quieren. En todo hacen lo contrario de lo que dicen.."

Fray Fco. de la Cruz

Fr. Martin de Jesus
Fr. Angel

LOS FRAILES LES HACIAN SABER QUE LOS ESTABAN LIBRANDO DEL DEMONIO, PERO.. ¿QUÉ PEOR DEMONIO QUE LOS MISMOS CONQUISTADORES Q. LOS TORTURABAN, ROBABAN, VIOLABAN Y ASESINABAN..?

¿LOS BUENOS son ustedes y los MALOS nosotros..?
..¿SI LOS ESPAÑOLES SON CRISTIANOS, POR QUE SE PORTAN MAL?
Fr. Martin de Jesus.

LA PARTE MÁS DIFÍCIL DE LA DIZQUE EVANGELIZACIÓN FUE PARA LOS FRAILES, INDUDABLEMENTE, EXPLICAR AL INDIGENA LA ENORME CONTRADICCIÓN ENTRE LO QUE PREDICABAN Y LO QUE HACIAN...

no entiendo ni madre su cristianismo..

SIMULA QUE ENTIENDES: PARA SEGUIR VIVOS HAY QUE SER CRISTIANOS..
¿ENTONCES PUEDO TENER HARTAS VIEJAS Y EMBORRACHARME COMO LOS ESPAÑOLES?
POS YO DIGO..

RICOS PULQUES DE S. BARTOLO.

ÉSE JUE OTRO BENEFICIO DE LA CULTURIZADA DE LOS ESPAÑOLES: NOS ENSEÑARON A AGARRAR EL PEDRO..

→ Para los indígenas, el pulque era "el agua celestial", bebida de moderación (ésta sí) limitada en su uso a los sacerdotes, ancianos y enfermos.

→EL PULQUE - ÚNICA BEBIDA EMBRIAGANTE QUE HABÍA EN MÉXICO - SE BEBÍA PÚBLICAMENTE SÓLO EN FECHAS MUY ESPECIALES Y FIESTAS MUY ESPECIALES DE TIPO RELIGIOSO.

LA EMBRIAGUEZ ERA CASTIGADA SERIAMENTE
INCLUSO CON LA MUERTE..

PERO..en eso llegó don PEDRO DOMECQ con aprobación eclesiástica, Y..¡SALUD!

HERNÁN CORTÉS (1485-1557).
Retrato de autor desconocido, conservado en Madrid.

UNA DE LAS PRIMERAS MEDIDAS DE GOBIERNO DE CORTÉS FUE LEVANTAR LA PROHIBICIÓN DE CONSUMIR PULQUE (A SABIENDAS DE SUS DEBILITADORES EFECTOS) Y PERMITIR QUE LOS INDÍGENAS SE PUSIERAN HASTA ATRÁS...

¡SALUCITA! YO PAGO LAS QUE SIGUEN

¿MEDIDA DEMOCRÁTICA PARA SUMAR VOTOS..?
MÁS BIEN PA SUMAR TIERRAS.. Y ORO
BORRACHOS LOS INDIOS FUERON PRESA FÁCIL DE LOS CONQUISTADORES: ERA FACILÍSIMO QUITARLES SUS TIERRAS Y HACERLES HABLAR DE MÁS...
Y PIOR CUANDO PROBAMOS EL VINO ESPAÑOL.. ¡AJÚA!
DESDE 1540 SE INTRODUJO AL PAÍS EL VINO Y EL AGUARDIENTE QUE -DICEN LAS CRÓNICAS- "GUSTARON A LOS INDIOS Y TUVIERON EN GRAN ESTIMACIÓN", PESE A QUE ERA CARÍSIMO PARA ELLOS.
NO IMPORTA, YO OS DOY CRÉDITO..
EL DEL ORO ES ÉL, DON FALANGINO..

(Y LLEVAMOS 500 AÑOS TOMANDO; PRIMERO PULQUE, LUEGO VINO Y AGUARDIENTE (1540), LUEGO AGUARDIENTE DE CAÑA (1700) Y RON, LUEGO MEZCAL, TEQUILA, CERVEZA Y TODAS LAS DEMÁS MARRANILLAS QUE NOS PROVEEN DE LA MEXICANA ALEGRÍA..)

LA ALEGRÍA DE ESTOS INDIOS ES LA BASE DE MI ALEGRÍA..

(PUES CLARO: DESDE HACE 500 AÑOS LOS BARES, CANTINAS, PIQUERAS Y CERVECERÍAS HAN SIDO NEGOCIO EXCLUSIVO DE LOS ESPAÑOLES..)

VSOP
VSOP
en castilla

YO BEBO PARA AHOGAR LA PENA DE SER ESCLAVO.. ¿Y TÚ, JUAN DIEGO..?

NO, YO BEBO PORQUE SE ME APARECEN VÍRGENES DE COLOR DE ROSA..

Y RESULTA MUY CURIOSO QUE EN LA ENORME LISTA DE LOS "PECADOS" CATALOGADOS POR LOS FRAILES PARA LOS INDIOS, NO APARECE LA EMBRIAGUEZ...

- SOBERBIA
- ENVIDIA
- GULA
- LUJURIA
- ADULTERIO
- HURTO
- JUEGO
- VANIDAD
- SACRILEGIO
- IRA
- AMBICIÓN
- PETO PULE (?)
- ESTUPRO Y RAPTO
- AVARICIA
- SIMONÍA
- RAPIÑA
- FRAUDE (no electoral)
- HIPOCRESÍA
- IRREVERENCIA
- VANAGLORIA
- INCESTO
- BLASFEMIA
- PEREZA
- JACTANCIA
- USURA
- SODOMÍA
- ACCÍDIA (?)

(O SEA QUE SI CRISTO BENDIJO EL VINO POR ALGO SERÍA, DIJO SAN PEDRO..) (DOMECQ)

AFORTUNADAMENTE (PARA LOS INDIOS Y LA IGLESIA) NO TODOS LOS CURAS Y FRAILES SE COMPORTARON COMO ESCLAVISTAS GACHOS. → HUBO SUS NOTABLES (Q. CONFIRMAN LA REGLA).
COMO EL TATA VASCO, QUE NI ERA VASCO, NI ERA DE QUIROGA...
← CORUNDA

SIN SER SIQUIERA CURA, VASCO DE QUIROGA Q. HABÍA LLEGADO A MÉXICO COMO OIDOR, FUE DESIGNADO OBISPO DE MECHUACÁN. EN REALIDAD, VASCO ERA ABOGADO Y SU PROPÓSITO PRINCIPAL FUE DEFENDER A LOS INDIOS DE LOS ABUSOS DEL CONQUISTADOR...

Y LA FORMA MEJOR ES ALEJAR A LOS INDIOS DE LOS ESPAÑOLES PARA QUE NO SE CONTAGIEN DE ESE "CRISTIANISMO".
DON VASCO FUE UNO DE LOS POCOS HISPANOS QUE PESCARON LA ONDA...
CORREOS
ESPAÑA

INFLUENCIADO POR LAS IDEAS DE TOMÁS MORO Y ERASMO DE ROTTERDAM → (CUYAS OBRAS ERAN QUEMADAS Y VETADAS POR LA INQUISICIÓN), TATA VASCO HIZO EL INTENTO DE CREAR EN MI MICHOACÁN UNA "REPÚBLICA INDIA" SIN ESPAÑOLES..!

menclaturā sciens omitto
quos ipse nosti,
Bene uale uir ornatiss. Ca
len. Augusti, anno à Chri
sto seruatore nato M. D.
XLIX. Basileæ.

Izquierda: la pluma rabiosa del censor ha rayado en la «Cosmografía de Münster» una referencia a Erasmo, y sobre la efigie del autor, hundido el ojo del gran humanista holandés, apóstol de la tolerancia.

IZOSE ESTE
VMILLADERO
AÑO DE I·5·5·Σ
AÑOS PORMANDA
DO DELILVSTRE:I
REVERENDISIMO
SEÑORDONVASCO
DEQVIROGAPRI
MEROBISPO.DES
TACIVDADIPRO
VINCIA.DEMECHV
ACAN.IDELCONSE
IO DESVMAIESTAD
AGLORIADEDIOS
IDENRASEÑORA

TATA VASCO INICIÓ SU EXPERIMENTO EN PÁTZCUARO Y TZINTZUNTZAN, DONDE TRATÓ DE SEPARAR A LOS INDIOS DE LA PÉSIMA INFLUENCIA DEL CLERO SECULAR Y DE LA EXPLOTACIÓN DEL ENCOMENDERO..

¡Ese indio me pertenece, me lo encomendó el Rey !

DIOSE CUENTA, IGUAL QUE LAS CASAS, QUE LA CRUEL POLÍTICA "PACIFICADORA" INICIADA POR COLÓN Y SEGUIDA POR CORTÉS Y COMPAÑÍA, HABÍA RESULTADO UN COMPLETO GENOCIDIO...

Los BÁRBAROS han resultado ser los españoles..

YA ERES CRISTIANO
YA ERES VASALLO DEL REY
...Y AHORA QUÍTELE SUS ÍDOLOS DE ORO Y SUS COLLARES

ALGO TERRIBLE (PARA LA IGLESIA) ESTABA OCURRIENDO: LOS INDÍGENAS ESTABAN VIENDO A LA IGLESIA COMO CÓMPLICE DE LOS CONQUISTADORES Y SUS CRÍMENES..

MATAN EN NOMBRE DE **DIOS**..

SUS POBLADOS ERAN DESTRUIDOS Y LUEGO BAUTIZADOS CON UN NOMBRE CRISTIANO POR UN SACERDOTE IDEM..

ERAN QUEMADOS VIVOS SI NO SE DECÍAN CRISTIANOS

ESCLAVIZADOS, ERAN AZOTADOS Y TORTURADOS POR SUS AMOS.. CRISTIANOS.

QUE A VECES SON LOS MISMOS CURAS..

LAS MUJERES ERAN VIOLADAS POR LA SOLDADERA ESPAÑOLA, Y HOSTIGADAS SEXUALMENTE POR LOS MISMOS CURAS..

SE LES MARCABA A HIERRO VIVO COMO RESES..

ERAN LLEVADOS A FUERZA A TRABAJAR EN LAS MINAS, DONDE ERAN EXPLOTADOS PEOR QUE ANIMALES...

¡Y TODO EN NOMBRE DE CRISTO!

GUAMÁN POMA, EL CRONISTA INDIO LO REAFIRMA:

"Los corregidores y los jueces españoles, en las minas castigaban cruelmente, sin misericordia, sin temor a Dios y la justicia a los indios. Los torturaban después de desnudarlos... los azotaban o los colgaban en horcas, algunas veces de los pies, y los tenían en cepos especiales..

COREGIDORDEMINAS
COMOLOCASTIGACRV

Y LOS CURAS Y FRAILES RARA VEZ INTERVENÍAN A FAVOR DE LOS INDIOS, POR TEMOR A LOS MILITARES..
MÁS BIEN SE HACÍAN UNA CON ELLOS..

HASTA 1542 LA CORONA ESPAÑOLA-ASUSTADA POR LOS INFORMES DEL GENOCIDIO-DICTÓ LAS LEYES DE INDIAS PARA "PROTEGER" A LOS ABORIGENES DE LOS ABUSOS Y BRUTALIDADES DE LOS ESPAÑOLES (INCLUIDOS CURAS).
Bah: las leyes están hechas como las mujeres, pa' ser violadas..
Y ningún cura nos va a venir a decir cómo tratar a NUESTROS indios. Joder leche!
ESPAÑA
CORREOS ESPAÑA
LAS LEYES "PROTECTORAS" NUNCA SE CUMPLIERON: LOS MISMOS CURAS Y FRAILES LAS VIOLABAN..
APENAS EN 1573 SE PROHIBIÓ OFICIALMENTE QUE HUBIERA CEPOS Y PRISIONES EN LOS CONVENTOS SUNTUOSOS. LOS PLANES DE VASCO DE QUIROGA Y LAS CASAS FUERON COMBATIDOS POR EL MISMO CLERO SECULAR..Y FRACASARON.
Plano 2-H. Catedral de Pátzcuaro Perspectiva · (PROYECTO DE TATA VASCO)

Y ES QUE LA LUCHA ENTRE EL MISMO CLERO ERA TERRIBLE..!
LOS AGUSTINOS VAN A ABRIR UNA IGLESIA EN YAUTEPEC, REVERENDO..
¿QUEQUEQUÉ? ESO ES NUESTRO TERRITORIO..!

EN 1549, PARA EVITAR LOS CONTINUOS ENFRENTAMIENTOS ENTRE LAS ÓRDENES RELIGIOSAS POR "SUS" TERRITORIOS, LOS REYES AUTORIZÁRONLES QUE LEVANTARAN IGLESIAS Y MONASTERIOS DONDE QUISIERAN. SIEMPRE Y CUANDO ESTUVIERAN POR LO MENOS A 6 LEGUAS DE OTRO...

YO PIDO EL BAJÍO: AHÍ SÍ QUE DAN LIMOSNAS DE AÚPA..!
QUÉ PENA, PERO ÉSE ES TERRITORIO JESUITA..
PERO ¿POR QUÉ NO OS VAIS A XALISCO? NO CANTAN MAL LAS RANCHERAS..

MÉXICO. — Vista del convento de Santa Teresa

¡VIRGEN SANTA..! ¿PUES DE QUÉ VIVÍAN LOS CURAS..?

EN EL PRINCIPIO LOS FRAILES RECIBÍAN UN SUELDO DE LA CORONA, Y ADEMÁS RECIBÍAN <u>TODO</u> DE LOS INDIOS (TRABAJO, COMIDA, CASA).

DESPUÉS SE AÑADIERON TRIBUTOS, COFRADÍAS, DERECHOS, TIERRAS, ESCLAVOS Y LOS FAMOSOS <u>DIEZMOS</u> (EL 10% DE LOS INGRESOS).

1
PTA
IV CENTENARIO
CORREOS
ESPAÑA

ESO FUE HASTA 1558: EN ESE AÑO LOS INDIOS YA NO PAGARON EL DIEZMO..
POS SÍ, PERO NOMÁS QUE NOS AUMENTARON LOS TRIBUTOS!

Además, no desaparecieron las tiendas parroquiales..
¿Qué tiendas eran esas?
AH, PUES.. COMO LOS DIEZMOS Y TRIBUTOS ERAN CUBIERTOS POR LOS INDIGENAS EN ESPECIE, LOS CURAS & FRAILES TENIAN TIENDAS EN DONDE COMERCIABAN LAS MERCANCIAS QUE RECIBIAN DE LOS INDIOS... ¡NEGOCIO REDONDO!

OTRO INGRESO
EN LOS LUGARES DE ENCOMIENDA, LOS ECLESIÁSTICOS RECIBIAN ADEMÁS UN SUELDO POR PARTE DEL SEÑOR ENCOMENDERO...
Sospecho que es para tenerles controlados a "sus" indios..
CORREOS
ESPAÑA
Y NO OLVIDAR, PLIS DE LOS PLISES, LOS INGRESOS "NORMALES" DEL SEÑOR CURA
PAGO POR BAUTIZOS
CONFIRMACIONES
BODAS, 1ª COMUNIÓN
FIESTAS
SANTOS ÓLEOS
ENTIERROS
Y ETC.
Y todo libre de impuestos, voto a Aspe..!

PERO LOS INGRESOS MÁS GORDOS VENÍAN DE LA CRECIENTE COLONIA ESPAÑOLA...

PUES, SIGUIENDO SUS NOBLES TRADICIONES, LA IGLESIA VIVÍA ASOCIADA ÍNTIMAMENTE CON LOS NOBLES, RICOS COMERCIANTES, ARISTÓCRATAS Y TERRATENIENTES, FUNCIONARIOS Y HACENDADOS...

O SEA, LOS PRINCIPALES INTERESADOS EN CONVERTIR A LA NUEVA ESPAÑA EN UN PAÍS CATÓLICO, FIEL A LA CORONA, AL PAPA SANTO Y A LAS H. INSTITUCIONES...

25
CTS
DON FADRIQUE DE TOLEDO
ESPAÑA
F. N. M. T.

E YA SABÉIS QUE LA ENTRADA AL CIELO HAY QUE PAGARLA EN LA TIERRA... EN EFECTIVO...

AL MORIR, MUCHOS DE LOS CONQUISTADORES DEJARON SUS BIENES A LA IGLESIA, A VECES PARA FUNDAR OTRA IGLESIA O CONVENTO, OTRAS PARA PONER UN ALTAR EXTRA DEDICADO A EQUIS SANTO O VIRGEN, O SIMPLEMENTE PARA LAVAR UN POCO SU CONCIENCIA.

NADA EXAGERADO RESULTA DECIR QUE TENER UNA IGLESIA O CONVENTO EN LA NUEVA ESPAÑA ERA UN BUEN NEGOCIO...

ora pro nobis..

(Ahora el negocio es tener escuelas y Universidades. con perdón del Art-3º de la constitución de-salinizada..)

QUIZÁS POR ESO Y PARA PODER COMPETIR CON LOS POBRES FRANCISCANOS EN NÚMERO DE CONVENTOS. LOS AGUSTINOS LLEGARON A ORDENAR SACERDOTES AL VAPOR, SACERDOTES Q. NI LATÍN SABÍAN, NI MUCHO MENOS TEOLOGÍA O FILOSOFÍA...

que sepan contabilidad y basta..
CORREOS
ESPAÑA

O DE OTRA FORMA NO SE EXPLICAN LOS PLEITOS ENTRE EL CLERO POR TIERRAS DE MISIÓN, PARROQUIAS Y CONVENTOS... ¿O SERÍA PURO FERVOR CRISTIANO??

¡FERVOR CRISTIANO MIS COJONES! CON LA IGLESIA, MIS RESPETOS..

SIEMPRE SE HA DICHO DE QUE LA OPOSICIÓN FRANCISCANA AL SANTUARIO GUADALUPANO SE DEBIÓ AL CORAJE QUE LES DIO NO HABER SIDO ELLOS LOS INVENTORES.. ¡POR ESO INVENTARON LA DE ZAPOPAN..!

LOS FRANCISCANOS JUAN QUIJANO Y FCO. DE RIBERA ECHARON ABAJO LAS IGLESIAS DE S PEDRO Y S. PABLO -EN CALIMAYA Y TECAMACHALCO- PORQUE NO ERAN DE SU ORDEN...

EN DESQUITE CRISTIANO, LOS CURAS DE MICHOACAN INVADIERON NUEVA GALICIA Y QUEMARON LAS IGLESIAS FRANCISCANAS POR CHAPALA (1559)

EN PUEBLA LOS CLERIGOS TOMARON Y SAQUEARON STO. DOMINGO, NO SIN ANTES MADREAR A FR. ANDRÉS DE MOGUER A QUIEN PARECE NO LE FUNCIONÓ EL AGUA BENDITA...

EN 1565 LOS AGUSTINOS -ARMADOS- SE PARAPETARON EN UNA CASA DE GUADALAJARA QUERIENDO FUNDAR UN CONVENTO, A LO Q. SE OPONÍAN LOS FRANCISCANOS A BALAZOS...

EN MICHOACÁN LOS FRANCISCANOS ARMARON A LOS INDIOS PARA IR A QUEMAR UNA IGLESIA DE LA COMPETENCIA (NO PROTESTANTE).

Si creen que don Rius inventa u exagera, lean lo que sigue:

"DE LO TOCANTE A HACER EDIFICIOS Y CASAS E IGLESIAS DE MONASTERIO HAN SUCEDIDO MAYORES ESCÁNDALOS QUE NINGUNA OTRA COSA. MUCHAS VECES HAN VENIDO A LAS MANOS LOS FRAILES Y PRELADOS; LOS UNOS PARA OCUPAR MÁS TIERRA Y LOS OTROS PARA ECHARLOS DELLA"

(Vasco de Quiroga, quien abrió pleito contra las 3 órdenes por:)

"... HAZER MALOS TRATAMIENTOS A LOS INDIOS CON GRAN SOBERBIA Y CRUELDAD, PORQUE SI NO HAZEN LO QUE ELLOS QUIEREN LOS DESHONRAN Y POR SUS PROPIAS MANOS LES DAN DE COCES Y REMEZONES, Y DESPUÉS LOS HACEN DESNUDAR Y LOS AZOTAN CRUELMENTE Y ECHAN EN CÁRCELES EN PRYSIÓN Y ZEPOS MUY CRUELES.."

"Los religiosos se han convertido en amos y señores absolutos, tanto en lo espiritual como en lo temporal.." 1561

VASCO de QUIROGA

PODRÍAMOS LLENAR CIEN PÁGINAS MÁS CON LOS ABUSOS, CRÍMENES, TROPELÍAS, ENRIQUECIMIENTOS Y CORRUPCIÓN DE LA IGLESIA EN LOS 500 AÑOS QUE LLEVAMOS DE SER CRISTIANOS, CATÓLICOS Y ROMANOS...

YA PÁRENLE O LOS VAN DIATIRO A EXCOMULGAR O A QUEMAR EN LA SANTÍSIMA INQUISICIÓN.



PERO VAN A CREER QUE LES TENEMOS TIRRIA A LOS CURAS..

EN REALIDAD A LO QUE LE TENEMOS TIRRIA ES A LA IDEA -QUE YA ESTÁ ACARICIANDO LA IGLESIA MEXICANA- DE "CELEBRAR SOLEMNEMENTE LOS 500 AÑOS DE LA EVANGELIZACIÓN DE MEXICO", COMO DIJO CORRUPIO..

■ Corripio: el 499 aniversario refleja "todo lo que hemos progresado"

# No puede atribuirse la miseria a la colonización: Alamilla

**Salvador Guerrero Chiprés** □ Después de 499 años del descubrimiento de América y del inicio de la evangelización, los indígenas "han sido las víctimas, pero de hoy para atrás", afirmó el vocero de la Conferencia Episcopál Mexicana (CEM), Monseñor Genaro Alamilla. "Son el grupo mexicano más relegado, más dañado, más marginado, más miserable, más muerto de hambre".

Alamilla insistió en que no podría atribuirse a la colonización la miseria indígena. "La Revolución Mexicana se hizo con los campesinos, los indígenas; ellos la hicieron pero no ganaron nada y todavía hoy no son propietarios de su tierra"

"Son 499 añ... para celebra... miento de la f... contin... voy a hace... tico, ah... ción... pr...

...gelio mientras era entrevistado por informadores que, como 100 personas más, esperaron durante hora y media su arribo para la inauguración de la nueva sede de la Unión Nacional de Padres de Familia. Corripio Ahumada musitó tres efectivas *Ave Marías* para deshacerse de los reporteros que rodearon su *Lincoln Mercury*.

Por su parte, el vocero de la CEM advirtió que aunque el 90 por ciento de la población es católica, muchos son "cá... licos vergon... nada... que p... llev... tén...

Cubano, Alamilla consideró que "después de 30 años de no hacerlo, no es esa ninguna novedad".

Interrogado sobre la posibilidad de ayuda al pueblo ...ano, Ala... presó que a... pide a... cristi... la...

"...los casi 5 siglos de EVANGELIZACIÓN reflejan todo lo que hemos progresado y hemos obtenido (¿los curas?) y cómo hemos podido venir precisamente a situarnos dentro del contexto mundial... tomando como fondo la fe cristiana y la cultura que LA IGLESIA Y CRISTO TRAJO A ESTOS PUEBLOS"...
cardenal Corripio 1991

VIVA EL PAN

LA CONSTITUCIÓN ES UN BODRIO

¿QUIEREN OTRA CRISTERIADA?

MISAS POR TELEVISIÓN

SOMOS MAYORÍA

FUERA EL ESTADO JACOBINO

RESALTÓ COMO "BENEFICIO FUNDAMENTAL LA LUZ DE CRISTO Y EL EVANGELIO", MIENTRAS EL OBISPO ALAMILLA, POLIVOZ DEL OBISPADO, DECÍA:

"Son 499 años para celebrar el nacimiento de la fe. La tarea no acabará hasta que llegue al último hombre de este continente. La meta es q. todos los hombres se salven"...

Símbolo de la Conquista en el códice Ramírez

■ MADRID

## Posición crítica de obispos españoles ante el Descubrimiento

**Afp,** *Madrid, 2 de febrero* □ En el descubrimiento de América se estableció un doble interés "hoy difícilmente compartible, pero que entonces no se oponía: el dominar la Tierra y enriquecerse con sus recursos, por una parte, y salvar las almas de los indios, por otra", sostuvieron los obispos españoles.

En una serie de cuadernillos para centros escolares y tareas de catequesis, la Comisión Episcopal española hace largas referencias a las denuncias realizadas sobre este tema por misioneros como Bartolomé de Las Casas o Antonio Montesinos.

"Muchos colonizadores y misioneros se opusieron al trato injusto a los indios, malos tratos que provenían de los hacenderos, quienes les imponían duros trabajos para hacer producir las tierras", según los cuadernillos publicados hoy por el diario madrileño *El País*.

"La iglesia levantó su voz para proteger a los nativos contra los abusos de quienes sólo buscaban riquezas o la explotación de la tierra", afirman los prelados antes de asegurar que esa defensa de la población debe realizarse también en el momento actual.

Por último, insisten en que ahora también cobra especial relieve la injusticia. Las riquezas naturales de los pueblos americanos "están mal distribuidas o en manos de personas que las explotan en beneficio de pocos o de empresas extranjeras", concluyen.

RESULTA POR DEMÁS CURIOSO QUE LA IGLESIA ESPAÑOLA TENGA UNA POSICIÓN MÁS CRÍTICA ANTE LOS 500 AÑOS, QUE LA IGLESIA MEXICANA...

¿DEBO?
NO NIEGO
¿PAGO?
NO TENGO..

..QUE, LEJOS DE RECONOCER EL NEFASTO PAPEL QUE HAN JUGADO EN ESTOS 500 AÑOS, PRETENDEN SEGUIR "EVANGELIZANDO" INDÍGENAS Y SEGUIR ALIMENTANDO LA LEYENDA DEL "BENEFICIO" QUE TRAJO A NUESTROS PUEBLOS LA CONQUISTA ESPIRITUAL ESA..

..DE SEGUIRNOS VIENDO LA CARA A FELIGRESES Y NO, CON EL CUENTO DE LA DIZQUE "EVANGELIZACIÓN" DE LOS INDIOS DE AMÉRICA LATINA.

**500 años de evangelización de America Latina**

Amén..

**V CENTENARIO DE LA EVANGELIZACION EN MEXICO**

Corripio A., Cardenal Ernesto en Tecnópolis, No.349, Ed.Nuevo Tiempo, México, Enero-Febrero, 1991, 6 pp.

Reflexión sobre los aspectos pastorales de la nueva evangelización y los 500 años de Evangelización en México. De tal modo se especifica el proyecto de celebración para la arquidiócesis de México, explicando el sentido y contenido de la peregrinación de la Santa Cruz y la Semana María evangelizadora. Se habla también de una evangelización renovadora en sus métodos, en su ardor y en sus expresiones.

¡HABRASE VISTO MAYOR CINISMO! ORA DE PURO CORAJE VAMOS A SEGUIRLE CON LAS LINDURAS DE LA "EVANGELIZACIÓN"...

Con un capitulo dedicado a la muy santa & cristiana INQUISICIÓN...

AQUÍ SE TRATA DE LA ESCUELA DE BONDAD, TOLERANCIA, AMOR Y TORTURAS Q. NOS TRAJO LA STA. MADRE É IGLESIA, QUE LLAMÓSE LA SANTA INQUISICIÓN...

# CAPÍTULO 8

Fachada del antiguo edificio de la Inquisición, en México.

EXVRGE DOMINE IVDICA CAVSAM TVAM

Sello de la Inquisición de México

UNO SE PREGUNTA EN DÓNDE NUESTROS JUDICIALES Y POLECÍAS DESOS APRENDIERON LAS BELLAS ARTES DE LA TORTURA, EN LAS QUE HAN DESTACADO A NIVEL MUNDIAL...

¡POS EN LA SANTA INQUISICIÓN, REDIEZ..!

Antes que nada quisiera saber: ¿Por qué nació la Inquisición?
Para defender la fe católica
(versión oficial ↑)
LA VERDAD ES QUE SE HIZO PARA DESPOJARLES SUS BIENES A LA GENTE...
EXURGE DOMINE ET JUDICA CAUSAM TUAM. PSALM. 73.

POR SI NO LO RECUERDAN LES DIREMOS QUE ESPAÑA ESTUVO DOMINADA 6 SIGLOS POR LOS ÁRABES -Y JUDÍOS A MENOR ESCALA- HASTA QUE LOS REYES CATÓLICOS Y EL CID Y TODA LA COMPAÑÍA (de JESÚS) LES GANARON LAS GUERRAS DE RECONQUISTA A LOS MOROS Y LOS REGRESARON HASTA EL NORTE DE ÁFRICA (MARRUECOS y etc.)...

LA GUERRA CONTRA LOS ÁRABES FUE GANADA POR LOS NOBLES Y CABALLEROS CASTELLANOS -TODOS CATÓLICOS Y ASOCIADOS A LA IGLESIA- QUIENES, AL EXPULSAR A LOS MOROS QUISIERON COBRAR A LA CORONA SUS SERVICIOS...

..hemos reconquistado vuestros reinos..
y el reino de Dios..¿cómo nos vamos a cobrar?
Toda España que ha quedado sin dueño moro o judío es vuestra..

HIDALGOS Y CURAS SE REPARTEN EL BOTÍN EN TIERRAS, PUEBLOS, INMENSOS TERRITORIOS (TODA ANDALUCÍA ES "PROPIEDAD" DEL SR. ARZOBISPO DE TOLEDO Y SU NOBLE FAMILIA), HACIENDAS Y FINCAS...

Pero quedan miles de MOROS AND JUDÍOS que no se han ido..
¿Y por qué vamos a irnos si somos hispanos e cristianos?

MEDIA ESPAÑA ES DE ORIGEN ÁRABE, Y LA MITAD DE LA OTRA MITAD, DE ORIGEN JUDÍO..
HASTA LOS MINISTROS REALES TIENEN SANGRE JUDÍA.. ¡HASTA LOS ARZOBISPOS!

LA ÚNICA DIFERENCIA CON LOS DEMÁS ESPAÑOLES ES LA RELIGIÓN. COMO QUIENES MANDAN SON CATÓLICOS, YA DESDE ANTES DE 1492 OBLIGAN A LOS ARABES Y JUDÍOS A VOLVERSE CATÓLICOS BAJO PENA DE MUERTE O EXPULSIÓN...

más vale que digan "aquí se agachó", que "aquí murió"!..
No Jacobo; yo mejor me voy a la Merced..

LA MAYORÍA DE LOS MOROS PREFIERE IRSE. LOS JUDÍOS, MÁS PRÁCTICOS, OPTAN POR VOLVERSE CATÓLICOS. A ESOS LES LLAMAN CONVERSOS.
¡PERO SÓLO FINGEN SER CRISTIANOS: EN SUS CASAS SIGUEN SIENDO JUDÍOS, SUS MAJESTADES...!!! ¡ES UNA BURLA!
SÍ PUES, Y SON LOS QUE TIENEN LA PLATA.. ¡YO LES DEBO HASTA LA REAL CAMISA E ISABEL HASTA LAS REALES PANTALETAS!
AUNQUE EL PODER LO EJERCÍAN REYES Y CLERO, EL PODER FINANCIERO Y COMERCIAL LO TENÍAN LOS JUDÍOS, CONVERSOS O NO CONVERSOS..
Por eso fundamos en 1480 la Santa Inquisición S.A.
GS

EL ESTABLECIMIENTO DE LA INQUISICIÓN VINO POR UN PERMISO DIRECTO DEL PAPA SIXTO IV QUE, A SOLICITUD DE LOS REYES ESPAÑOLES, OTORGÓ PODERES A LA IGLESIA ESPAÑOLA PARA CREAR EL TRIBUNAL ESE...
Lo que queremos es limpiar estas tierras de la herejía judía y establecer en España el Reino de Dios..!
¿Y acaso no era Jesucristo judío, y San Pedro igual?
¿Y acaso no predicó Jesucristo el amor al prójimo, y la tolerancia y el perdón..?
SÍ, PERO...
EL TRIBUNAL DE LA SANTA INQUISICIÓN NO SE HIZO PARA OÍR RAZONES, SINO PARA IMPONER UNA IDEOLOGÍA: LA DE LA IGLESIA CATÓLICA...

EL FUNCIONAMIENTO DEL TRIBUNAL ERA MUY SENCILLO: RECIBÍAN ACUSACIONES ANÓNIMAS CONTRA EQUIS CONVERSO, LO DETENÍAN, LO TORTURABAN -SIN JUICIO, NI DEFENSOR- Y LO OBLIGABAN A CONFESARSE CULPABLE DE MIL Y UNA HEREJÍAS...
Yo nunca sabía QUIÉN me había denunciado, ni podía alegar con el tribunal..
NADIE DE LOS ACUSADOS RESULTABA INOCENTE: AL QUE BIEN LE IBA, ERA CONDENADO A LARGOS AÑOS DE PRISIÓN; AL QUE NO, LO QUEMABAN VIVO. PERO A TODOS LOS PRIVABAN DE SUS BIENES, Q. PASABAN A PODER DE LA IGLESIA.
EL PRIMER "AUTO DE FE" SE CELEBRÓ CONTRA LOS CONVERSOS MÁS RICOS DE SEVILLA EL 6 DE FEBRERO DE 1481.
¿SU CRIMEN?
SER CONVERSOS Y HABER QUERIDO DEFENDERSE CON LAS ARMAS DE SER APREHENDIDOS...
SEIS FUERON A LA HOGUERA Y 19 A LA CÁRCEL...

¿SU CRIMEN ERA ENTONCES SER JUDÍO CONVERTIDO AL CRISTIANISMO?
(SÍ, Y SOBRE TODO SER RICO)
CURIOSÍSIMAMENTE, LA INQUISICIÓN ESPAÑOLA, QUE SÓLO EN SEVILLA -EN 8 AÑOS- QUEMÓ A 700 Y CASTIGÓ A 5466, NUNCA SE OCUPÓ DE LOS CONVERSOS POBRES...

EL QUEMADERO DE GENTE QUE SE SOLTÓ EN TODA ESPAÑA OBLIGÓ AL PAPA A REGAÑAR A LOS REYES CATÓLICOS EL 18 DE ABRIL DE **1482**:

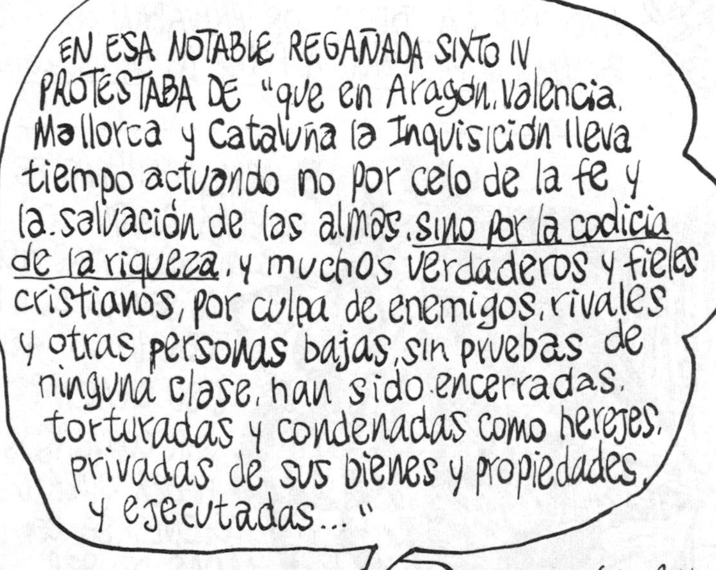
EN ESA NOTABLE REGAÑADA SIXTO IV PROTESTABA DE "que en Aragón, Valencia, Mallorca y Cataluña la Inquisición lleva tiempo actuando no por celo de la fe y la salvación de las almas, sino por la codicia de la riqueza, y muchos verdaderos y fieles cristianos, por culpa de enemigos, rivales y otras personas bajas, sin pruebas de ninguna clase, han sido encerradas, torturadas y condenadas como herejes, privadas de sus bienes y propiedades, y ejecutadas..."

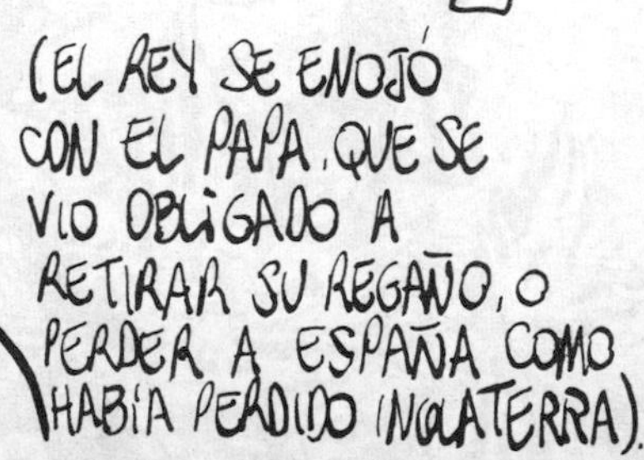
(EL REY SE ENOJÓ CON EL PAPA, QUE SE VIO OBLIGADO A RETIRAR SU REGAÑO, O PERDER A ESPAÑA COMO HABÍA PERDIDO INGLATERRA).

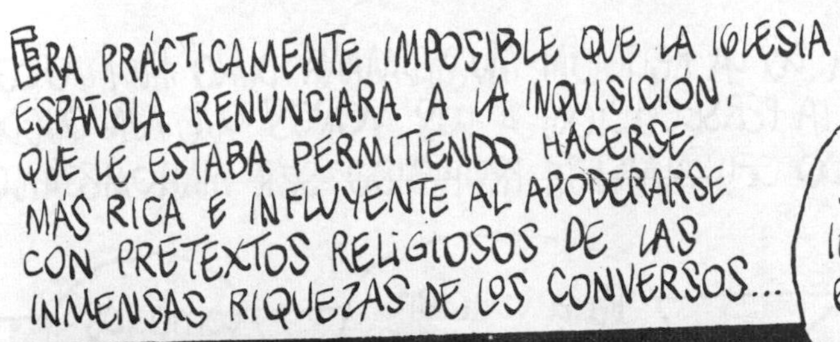
ERA PRÁCTICAMENTE IMPOSIBLE QUE LA IGLESIA ESPAÑOLA RENUNCIARA A LA INQUISICIÓN, QUE LE ESTABA PERMITIENDO HACERSE MÁS RICA E INFLUYENTE AL APODERARSE CON PRETEXTOS RELIGIOSOS DE LAS INMENSAS RIQUEZAS DE LOS CONVERSOS...

Empiezo a sospechar que lo que quieren es corrernos de España, Abraham..

LA OPOSICIÓN -A VECES VIOLENTA- DE LOS "NUEVOS CRISTIANOS" Y LOS CONFLICTOS SURGIDOS ENTRE LA CORONA Y EL PAPA, OBLIGARON A LOS MUY CATÓLICOS REYES A EXPULSAR DE ESPAÑA A TODOS LOS JUDÍOS EN **1492**, AÑO DEL "DESCUBRI-MIENTO"...

Y ESE MISMO AÑO DECRETARON AL **CATOLICISMO** COMO RELIGIÓN DEL ESTADO Y, JUNTO CON EL ISLAM, ÚNICAS PERMITIDAS..

(LA TOLERANCIA DE LA RELIGIÓN MUSULMANA DURÓ MUY POCO: EN 1501 EMPEZÓ LA PERSECUCIÓN A LOS MOROS QUE AÚN QUEDABAN Y EN 1503 QUEDÓ OFICIALMENTE PROHIBIDO SER MAHOMETANO...)

TAMBIÉN SE PROHIBIÓ LLEVAR NOMBRE ÁRABE O USAR ROPAS IDEM.. ¡VIVA EL CRISTIANISMO!
Para vivir en España hay que ser puro de sangre..
como los caballos o los perros..


NUNCA, EN LA HISTORIA DE ESTA POBRE HUMANIDAD, SE HA DADO UN ORGANISMO MÁS INTOLERANTE, CRUEL Y DESPIADADO QUE LA "SANTA" INQUISICIÓN ESPAÑOLA...

¡Protesto! ¿Y mi Gestapo qué..?
pero usted no mataba a la gente "en nombre del verdadero Dios", don Fofo..

SÍ PUES: EL CRISTIANISMO ÉSE RESULTÓ PEOR QUE LA CONQUISTA MELITAR..!

ASÍ FUE: LA INQUISICIÓN QUEMÓ A MILES DE INOCENTES CUYO ÚNICO CRIMEN ERA TENER SANGRE MORA O JUDÍA EN LAS VENAS (Y DINERO EN LOS BOLSILLOS).

CUANDO ESCASEARON ESOS CRIMINALES, LOS INQUISIDORES (LOS DOMINICOS HABÍAN RECIBIDO DE ROMA LA EXCLUSIVA) DIRIGIERON SU CELO CONTRA SOSPECHOSOS DE PENSAR COMO LUTERO, ERASMO U OTROS PENSADORES CRÍTICOS DEL CORRUPTO CATOLICISMO...
→ LA MAYORÍA DE ESOS "CRIMINALES" ERAN CATEDRÁTICOS Y ESCRITORES.

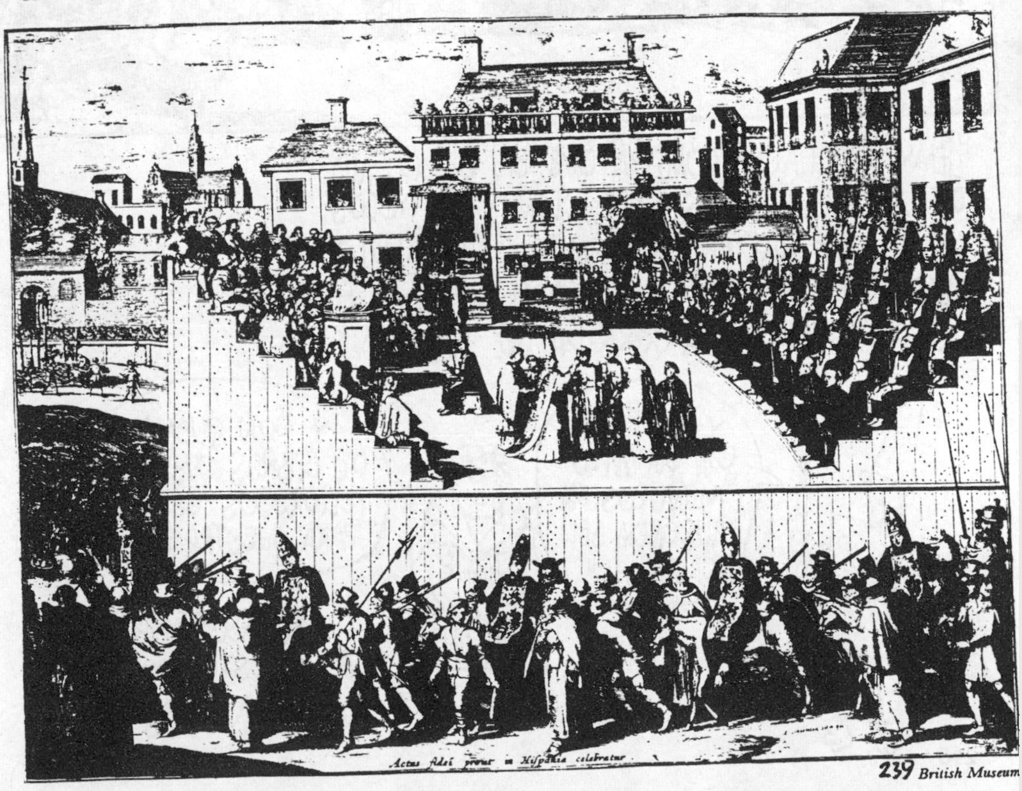
Actus fidei prout in Hispania celebratur

British Museum

1
Eductio captivorum ad Actum fidei

HAY QUE HACER CONSTAR QUE, EN EL COLMO DE LA BARBARIE, LAS EJECUCIONES –O ACTOS DE FE– SE HACIAN EN PLAN DE ESPECTÁCULO PÚBLICO, CON MÚSICA, SERMÓN Y TODA LA COSA... ¡COMO UNA CORRIDA DE TOROS!

Y TAMBIÉN CON QUEMA DE MUÑECOS, EN AUSENCIA DEL "CRIMINAL"...
... Y CON QUEMA DE LIBROS, QUE TAN PELIGROSOS ERAN PARA NUESTRA FE...
(¡Y SE ASUSTABAN DE LOS SACRIFICIOS DE LOS AZTECAS...!)

¿QUÉ LIBROS PROHIBIÓ (Y QUEMÓ) LA INQUISICIÓN ESPAÑOLA...?
"...Todos los libros escritos por herejes.
• todos los libros religiosos escritos por los condenados por la Inquisición;
• todos los libros sobre judíos y moros,
• todas las traducciones heréticas de la Biblia,
• todas las traducciones de la Biblia a lenguas vernáculas, aunque hubieren sido traducidas por católicos,
• todos los devocionarios que no estén en latín
• todos los libros sobre magia
• todos los libros de versos que citen la Biblia en sentido profano,
• todos los libros escritos desde 1515 sin mencionar autor y editor.
• todos los libros "irrespetuosos"...

ENTRE LOS CIENTOS DE LIBROS PROHIBIDOS DESTACAN LAS OBRAS DE FR. LUIS DE LEÓN, JUAN DE ÁVILA, FRAY LUIS DE GRANADA, ERASMO, BOCACCIO, RABELAIS, VIVES, DANTE, TOMÁS MORO, SERVET, OVIDIO, MAQUIAVELO, ARIOSTO, PETRARCA, KEPLER, TYCHO BRAHE, APULEYO Y HASTA DE UN SANTO: SAN FCO. DE BORJA...

Jesuita

EL INGENIOSO HIDALGO DON QVIXOTE DE LA MANCHA,

*Compuesto por Miguel de Ceruantes Saauedra.*

DIRIGIDO AL DVQVE DE BEIAR, Marques de Gibraleon, Conde de Benalcaçar, y Bañares, Vizconde de la Puebla de Alcozer, Señor de las villas de Capilla, Curiel, y Burguillos.

Año, 1605.

CON PRIVILEGIO, EN MADRID, Por Iuan de la Cuesta.

Vendese en casa de Francisco de Robles, librero del Rey nro señor.

(Y AL MISMO QUIJOTE LE TACHARON VARIAS FRASES..)

RESULTA MASOQUISTA SEGUIR LA CRÓNICA DE LA SANTA INQUISICIÓN (Recomiendo lean "La Inquisición Española" de Henry Kamen-Grijalbo).

BASTE DECIR QUE SÓLO EN LOS PRIMEROS 50 AÑOS DE FUNCIONAMIENTO, QUEMARON A **51,038** PERSONAS EN VIVO Y EN DIRECTO, Y METIERON EN PRISIÓN A MÁS DE **600** MIL.

¿Y qué tal la sucursal mexicana?

Planta de el Real Palacio, y Plaza
principal de la M Noble y Leal
Ciudad de Mexico:
Sacada en dia de execucion Criminal.

¡PASO A LA CRISTIANDAD, COÑO!
CRAK!

EL PRIMER AUTO DE FE CELEBRADO EN MÉXICO TUVO LUGAR EN OCTUBRE DE 1528. CUANDO LA MUY NOBLE INSTITUCIÓN QUE NOS TRAÍA LA CIVILIZACIÓN CRISTIANA QUEMÓ VIVOS A 2 HISPANOS POR HEREJES EN PLENO ZÓCALO CON EL APLAUSO DE LA CONCURRENCIA (Y DEL PRIMER INQUISIDOR: Fr. Juan de Zumárraga...)

(Y DE LOS INDIOS QUE POR PRIMERA VEZ VEÍAN A ESPAÑOLES MATANDO ESPAÑOLES).

¡SEÑOR! ¡SEÑOR! ¡SE HA OLVIDADO DE VIOLAR A MI CABRA!
HOSTIA, ES VERDAD...

HAY QUE DECIR SIN EMBARGO QUE, EN COMPARACIÓN CON LOS CONQUISTADORES, LA STA. INQUISICIÓN SE PORTÓ GENTE CON LOS ABORÍGENES: SÓLO QUEMÓ A 16 POR IDÓLATRAS...

COÑO: ES QUE ACÁ NO HABÍA MOROS NI JUDÍOS NI LUTERANOS...

AVTO 026829

GENERAL

DE LA FEE,

A

QVE ASSISTIO PRESIDIENDO EN Nombre, y Reprefentacion de la Catholica Mageftad del Rey N. Señor D. FELIPE QVARTO (que Dios guarde) con fingulares demonftraciones de Religiofa, y Chriftiana piedad, y oftentaciones de grandeza, fu Virrey Governador, y Capitan General de efta Nueva Efpaña, y Prefidente de la Real Audiencia, y Chancilleria, que en ella refide.

EL EXCELLENTISSIMO SEÑOR

D. FRANCISCO FERNANDEZ DE LA CVEVA, DVQVE de Alburquerque; Marques de Cuellar y de Cadereyta; Conde de Ledezma y de Gueima; Señor de las Villas de Mombeltran y de la Codosera Gentil hombre de la Camara de fu Mageftad, fu Capitan General de las Galeras de Efpaña en propriedad, Cavallero del Orden de Santiago.

CELEBRADO

En la Plaça mayor de la muy noble, y muy leal Ciudad de Mexico, à los 19. de Noviembre de 1659. años.

POR LOS MVY ILLVSTRES SEÑORES Inquifidores Apoftolicos Doctor D. Pedro de Medina Rico, (que lo es de la Ciudad, y Reyno de Sevilla, Collegial de fu Colegio Mayor, y Vifitador, è Inquifidor afsimifmo del Tribunal de efta nueva Efpaña) Doctor D. Francifco de Eftrada, y Efcobedo. Doctor D. Juan Saenz de Mañozca, y Licenciado D. Bernabe de la Higuera, y Amarilla.

Con licencia, En Mexico,

En la Imprenta del Secreto del Santo Officio.

Por la Viuda de Bernardo Calderon, en la calle de San Agustin.

Vista del edificio de la Inquisicion en México

EN REALIDAD, YO CREO QUE LA INQUISICIÓN EN MÉXICO -QUE DURÓ HASTA 1821- TUVO POR PRINCIPAL FINALIDAD MOSTRAR EL PODERIO DE LA IGLESIA SOBRE EL PODER "CIVIL" Y EVITAR QUE LAS IDEAS REFORMISTAS PROTESTANTES SE COLARAN EN LA GREY CATÓLICA...

no se nos olvide que el gobierno religioso se instituyó ANTES que el civil; los obispos antes que los virreyes...

Y ALGO QUE NO SE HA DICHO ES QUE EL ESTABLECIMIENTO EN MÉXICO DE LA INQUISICIÓN FUE A PETICIÓN DEL OBISPO INVENTOR ZUMÁRRAGA, CON LA INTENCIÓN DE ECHÁRSELA ENCIMA A LOS FRANCISCANOS, SUS RIVALES (Y ÚNICOS QUE DENUNCIARON LA FALSEDAD DE LAS APARICIONES GUADALUPANAS, EL GRAN NEGOCIO DE LA IGLESIA MEXICANA...)

Y NO OLVIDAR FINALMENTE QUE LA SANTA INQUISICIÓN MEXICANA PROHIBIÓ Y CONFISCÓ LOS ESCRITOS DE BERNARDINO DE SAHAGÚN Y BARTOLOMÉ DE LAS CASAS, ÚNICOS QUE DEFENDIERON Y TRATARON CON RESPETO A LOS INDÍGENAS...

...Y QUE ESA MISMA Y SANTA INQUISICIÓN, PROHIBIÓ, CONFISCÓ Y QUEMÓ CUANTO LIBRO "PELIGROSO" PODÍA LLEGAR A LA NUEVA ESPAÑA, A SABER: Libros de Teología
Libros de Cánones y Leyes
Libros de Lógica, Filosofía, Medicina y Matemáticas
Libros de Devoción en castellano y
Libros Humanistas y Profanos.

→ Pedro Moya de Contreras / inquisidor. Año de 1571.

---

(ESTO VA PARA DOCUMENTAR EL OPTIMISMO DE LOS QUE AÚN SE CREEN LO DE LA APORTACIÓN DE LA IGLESIA A NUESTRA CULTURA...)

VA EL CAPÍTULO 9
Donde podrán verse los resultados de la Civilizada que nos dieron...

PREVALECE AÚN EN MUCHA GENTE DE AMÉRICA LATINA LA IDEA -QUE IGLESIA Y ESTADO NOS HAN METIDO EN LA CABEZA- DE QUE LA CONQUISTA Y COLONIZACIÓN DE MÉXICO Y ANEXAS CONSTITUYÓ POCO MENOS QUE UNA <u>BENDICIÓN</u> PARA LOS INDÍGENAS (Y DE PILÓN PARA EL PAÍS Y LOS POSTERIORES "MEXICANOS"!)

Aquí va un ejemplito de lo que pensaba antes de la Revolución el Sr. Ministro de Fomento Educativo.. (1905)

INSTRUCCIÓN OBLIGATORIA

JUSTO SIERRA

Profesor de Historia

PRIMER AÑO

DE

HISTORIA PATRIA

*Elementos para los alumnos del tercer año primario obligatorio.*

AJUSTADOS AL PROGRAMA DE LA LEY VIGENTE

7ª Edición de 10,000 ejemplares

Lecciones y Relaciones

23 Grabados

Biografías, Resúmenes. Cuestionarios.

LIBRERÍA DE LA Vda DE CH. BOURET

PARÍS, — 23 CALLE VISCONTI

MÉXICO — 14 CINCO DE MAYO | GUADALAJARA — AVENIDA COLÓN 4

1905

TOMANDO EN CUENTA QUE EL LIBRO SE HIZO BAJO EL "INDIO" PORFIRIO DÍAZ, GRAN PERSEGUIDOR DE LOS INDÍGENAS AND FEROZ PARTIDARIO DE "BLANQUEAR" A MÉXICO (IMPORTÓ A MILES DE BLANCOS EUROPEOS PARA POBLAR EL NORTE DEL PAÍS..)

Lic. D. Justo Sierra

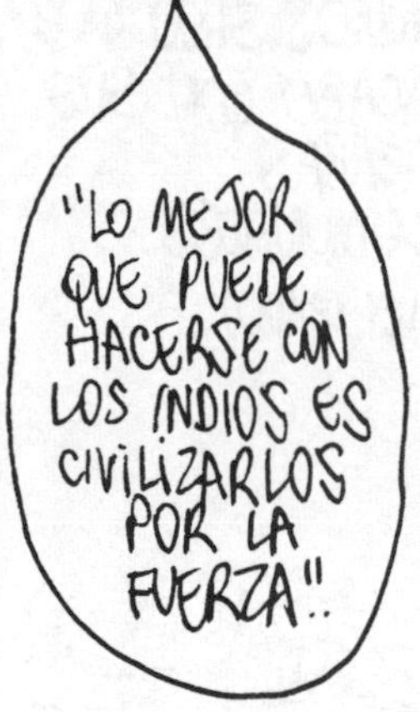
"LO MEJOR QUE PUEDE HACERSE CON LOS INDIOS ES CIVILIZARLOS POR LA FUERZA"..



→ Los misioneros que envia-ron los reyes de España fueron favorables á los indios; ellos salvaron de la muerte á la raza conquistada y aunque cometieron algunos actos de repugnante fanatismo, como destruir documentos de nuestra historia antigua y hacer matar á algunos indios, en las horribles epidemias y en los males de toda clase que llovieron sobre los indios, se portaron como santos. (← los misioneros.)

---

**Resumen del capítulo.**

I. Cortés empezó por ejercer el gobierno de la tierra conquistada, que repartió entre el rey, él mismo y sus compañeros, que se creían con derecho á ser dueños de indios, á quienes trataron duramente. Cortés recibió de la Corte la confirmación de sus títulos, pero emprendió un viaje larguísimo é inútil á Honduras y entretanto sus agentes en México, riñeron entre sí y lo despojaron.

Para remediar estos males, la corte mandó agentes ú oficiales que nada remediaron.

II. Vinieron luego jueces que formaban un tribunal ó audiencia, que compuesta de hombres malos, empeoró las cosas. La segunda audiencia reparó tantos perjuicios á fuerza de rectitud y bondad. Cortés fué hecho marqués y obtuvo muchas tierras, pero no volvió á tener mando.

III. La conquista se iba extendiendo entretanto, por el centro, el sur, el occidente y el oriente de lo que hoy es la República.

Los misioneros conquistaron al Cristianismo á los indios y los salvaron de la destrucción.



**CUESTIONARIO.** — ¿Qué hizo Cortés después de la toma

LA VERDAD ES QUE AÚN HOY MUCHOS Q. SE DICEN MEXICANOS DESEARÍAN QUE YA NO HUBIERA INDIOS PORQUE SON "UN ESTORBO PARA EL PROGRESO DE LA NACIÓN", DICEN...

¡COMO SI LOS INDIOS HUBIERAN SIDO LOS DESTRUCTORES DE ESTE PAÍS..!
¿Pos cuándo hemos gobernado en los últimos 500 años..?
Cállate, María o nos vamos a meter en problemas..

CUANDO LA TRISTE REALIDAD ES QUE NI BENITO JUÁREZ, EL INDIO DE GUELATAO, DEFENDIÓ A LOS INDIOS, SINO QUE ACABÓ CON SUS TIERRAS COMUNALES.. (LEY LERDO)

CUANDO LO INCREÍBLE ES QUE, A PESAR DE 5 SIGLOS DE BRUTAL REPRESIÓN Y SUTIL "PROTECCIÓN" CONTRA LA CULTURA DE LOS PUEBLOS INDÍGENAS, SOBREVIVE TODAVÍA EL INDIO Y MANTIENE SUS LENGUAS, TRADICIONES Y COSTUMBRES...

¿HASTA QUE LLEGÓ EL TLC? CHIN..

CUAUHTEMOC.

PROPIEDAD PRIVADA

LA CAUSA PRIMERA DEL SUBDESARROLLO EN QUE VIVIMOS, NO ESTÁ EN EL HECHO DE QUE NO SE HAYAN "INTEGRADO" LOS INDÍGENAS A LA CIVILIZACIÓN OCCIDENTAL Y DIZQUE CRISTIANA, SINO EN EL HECHO CONTRARIO:

ESTAMOS JODIDOS POR LA IMPOSICIÓN VIOLENTA DE UNA CIVILIZACIÓN ABSURDA PARA ESTE PAÍS...

(Y YO DIRÍA QUE PARA ESTE PLANETA.)

Durante miles de años este Continente desconoció los animales y plantas que los conquistadores nos "obsequiaron" tan generosamente..

NO HABÍA VACAS NI BORREGOS NI CERDOS NI CABRAS NI CONEJOS NI TOROS.. NI CABALLOS..

LA TIERRA NO SABÍA LO QUE ERA EL TRIGO, NI LA AVENA O LA CAÑA DE AZÚCAR O EL ARROZ Y LA CEBADA... ¡Y NO PASABA NADA!

EL ECOSISTEMA FUNCIONABA PERFECTAMENTE DE ESA MANERA, Y LOS MILLONES DE INDÍGENAS LO RESPETABAN Y VIVÍAN EXPLOTANDO LA TIERRA SIN DESTRUIR LA NATURALEZA...

LA INTRODUCCIÓN AL CONTINENTE DE ESOS ANIMALES EXTRAÑOS AL MEDIO, ALTERÓ TODITO EL EQUILIBRIO ECOLÓGICO..
Y NOS CAMBIÓ COMPLETAMENTE NUESTRO MODO DE VIDA.

→ ES DECIR, EL DESCUBRIMIENTO, CONQUISTA Y COLONIZACIÓN DE LAS AMÉRICAS NO SÓLO DESTRUYÓ:

LA EDUCACIÓN, LAS COSTUMBRES, LA SOCIEDAD, LAS CIUDADES, LA RELIGIÓN, LAS ARTES, LAS CIENCIAS, LOS ESCRITOS LOS TEMPLOS, LA MORAL, LAS TRADICIONES (Y VARIOS MILLONES DE GENTES)

¡..SINO QUE DESTRUYÓ <u>ADEMÁS</u> EL SISTEMA ECOLÓGICO!

MAPA
VALLE DE MEXICO
Coyotepec
Teoloyuca
Tepozotlan
Xaltocan
Teotihuacan
(Otumba)
Tepechpan
Acolman
Texcoco
LAGO DE TEXCOCO
El Telapon
(Tacuba)
Tlacopan
MEXICO
Peñón de baños
Peñol del Marques
Iztapalapan
(Iztapalapa)
Mexicaltzinco
Culhuacan
Coatepec
(Coyohuacan)
Xochimilco
Tlalpan
Lago de Chalco
(Tlahuac)
Ajusco
Chalco
Ayotzinco
Tenango
Ameca
Cuaxomulco
Huaxtepec
Yautepec
(Cuernavaca)
Yecapixtla
Reconocimiento de Cortés al rededor de la Ciudad
Ataque de Cortés y de Cristobal de Olid.
Ataque de Alvarado
Ataque de Sandoval

VIENDO ESTE ↑ MAPA SE COMPRENDERÁ MEJOR LA DESTRUCCIÓN DEL ECOSISTEMA DEL VALLE DE MÉXICO QUE LLEVARON A CABO:

a) para conquistar la ciudad lacustre tumbando bosques y construyendo barcos para atacar por agua a Cuauhtémoc;

b) para edificar una nueva ciudad tipo europeo, arrasando los bosques restantes y acabando y secando los lagos.

El actual desastre ecológico del Valle de México tiene su origen en la burrada hispana de querer EUROPEIZARLO todo..
(AL SECAR LOS LAGOS DESTRUYERON EL ECOSISTEMA DEL VALLE)
LAGO ZUMPANGO
LAGO XALTOCAN
TEOTIHUACAN
AUHTITLAN
ECATEPEC
TEXCOCO
HUEXOTLA
TLALTELOLCO
POPOTLA
TEPEYACAC
LAGO TEXCOCO
TENOCHTITLAN MEXICO
CHIMALHUACAN
IZTAPALAPA
CULHUACAN
OYOACAN
LAGO XOCHIMILCO
LAGO CHALCO
TLALPAN
XOCHIMILCO
CHALCO
MIXQUIC


NO TOMARON EN CUENTA NADA DE LOS INDÍGENAS -que tenían siglos viviendo en ese medio- y lo destruyeron todo...

POR EJEMPLO, LA AGRICULTURA Y LA COMIDA..

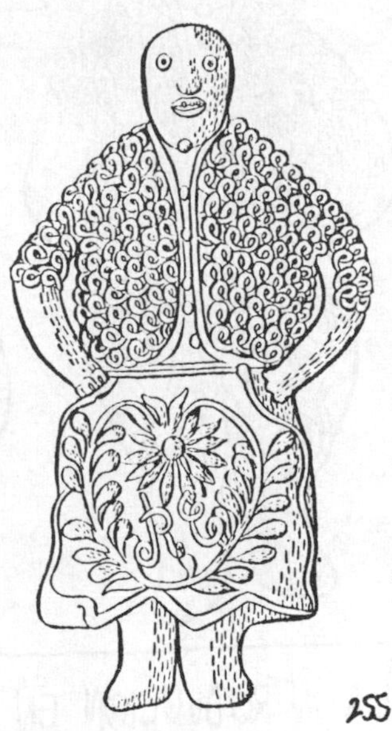



NO LES GUSTÓ LO QUE SE COMÍA Y SE LES HIZO FÁCIL CAMBIAR TODO EL SISTEMA AGRÍCOLA METIENDO NUEVOS CULTIVOS, EXTRAÑOS A ESTAS TIERRAS Y SUELOS..

DESTRUYERON MÁS BOSQUES PARA SEMBRAR TRIGO, ARROZ, CAÑA DE AZÚCAR, CEBADA Y OLIVOS... COMO SI ESTO FUERA COMO ESPAÑA..
Por eso nos pusieron "La Nueva España"
CEES.

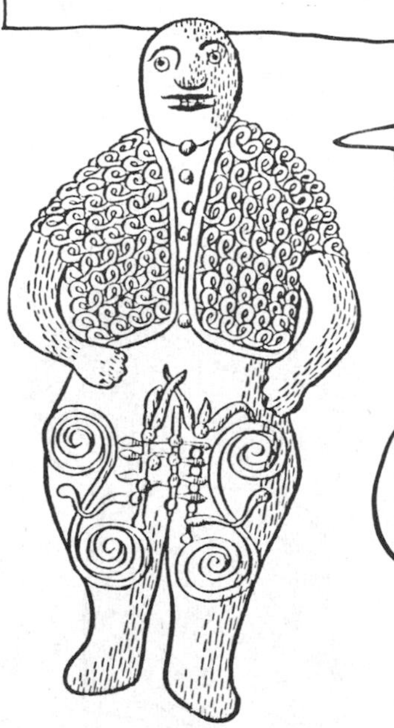

CREÍAN QUE REGANDO LAS VIDES CON AGUA BENDITA IBAN A DARSE COMO EN ESPAÑA..

Y CON LOS ANIMALES NOS FUE PEOR..

LA INTRODUCCIÓN EN TIERRAS AMERICANAS DE ESPECIES ANIMALES - VACAS, CABALLOS, PERROS, BORREGOS, PUERCOS - QUE PARA SU CRÍA Y REPRODUCCIÓN REQUIEREN OTRAS CONDICIONES AMBIENTALES, CONSTITUYÓ UN DESASTRE ECOLÓGICO: LA MITAD DEL PAÍS ESTÁ EROSIONADO POR DARLES DE COMER SACRIFICANDO TIERRAS Y BOSQUES..

..Y RECUERDEN QUE LA POLITICA ES LO MÁS PUERCO DEL MUNDO...
LA DESFORESTACIÓN DE BOSQUES Y SELVAS PARA SEMBRAR CAÑA Y ARROZ Y PARA DAR ESPACIO AL PASTOREO INICIÓ EL DESASTRE AGRÍCOLA DE TODO EL CONTINENTE... Y CAMBIÓ LOS HÁBITOS ALIMENTICIOS DE NUESTROS PUEBLOS..
de tranquilos vegetarianos que éramos, pasamos a ser carnívoros peleoneros y borrachos..
..Y ESTA TORPE IMPORTACIÓN DE PLANTAS Y BESTIAS (CON SUS RESPECTIVOS VIRUS Y BACTERIAS) NOS TRAJO TAMBIÉN LA MUERTE Y DESAPARICIÓN DE CIENTOS DE ESPECIES ANIMALES Y VEGETALES Q. NO SOPORTARON LA COMPETENCIA..
o sea, también los animales de 4 patas nos dieron en la mother..

¿Sabéis que en América no se conocía la RATA..?
NI LAS ENFERMEDADES EPIDÉMICAS..¿CÓMO NO SE NOS OCURRIÓ VACUNAR A LOS CONQUISTADORES..?
ARES.



ES TODAVÍA POCO CONOCIDO EL EFECTO DESTRUCTOR DE LA ECOLOGÍA QUE TUVO Y HA TENIDO LA **MINERÍA** IMPLANTADA POR LA CONQUISTA. EL USO DE LA TIERRA Y LAS ESTRUCTURAS SOCIALES FUERON ALTERADAS PARA SUPLIR A LAS MINAS DE ORO, COBRE Y PLATA CON MANO DE OBRA, COMIDA, ANIMALES Y MADERA SOBRE TODO, PARA SOPORTAR GALERÍAS Y TÚNELES... ¿CUÁNTOS BOSQUES DEL BAJÍO MEXICANO SE ACABARON ASÍ..?

¿Y CUÁNTOS INDIOS?

MILES DE JÓVENES INDÍGENAS CONVERTIDOS EN ESCLAVOS FUERON OBLIGADOS AL TRABAJO FORZADO EN LAS MINAS DE GUANAJUATO, ZACATECAS O S. LUIS POTOSÍ. TAN DURO ERA EL TRABAJO Q. MUCHOS MORÍAN, LO QUE OBLIGÓ A LOS ESPAÑOLES A IMPORTAR NEGROS AFRICANOS...

PERO NO FUE NEGOCIO: LOS INDIOS SALÍAN GRATIS Y LOS NEGROS NO..
de todos modos, la plata mexicana fue el mejor negocio para España..

EN SOLO DOS SIGLOS DE EXPLOTACIÓN, ESPAÑA SACÓ DE MÉXICO... 43,250,000 DE KILOS DE PLATA CON UN COSTO RIDÍCULO: EL SUELDO DEL ADMINISTRADOR ESPAÑOL (EN 1720) ERA DE 200 PESOS A LA SEMANA; EL DEL INDIO, DE 7 PESOS (MENOS IMPUESTOS Y DESCUENTOS)..

LA TÉCNICA DE SOBRE-EXPLOTACIÓN DE LAS MINAS DE PLATA ACABÓ LA ECOLOGÍA...
LA UTILIZACIÓN DEL MERCURIO EN EL PROCESO SATURÓ LOS RÍOS CON MERCURIO, INICIANDO UNA CADENA ANTIECOLÓGICA AL ENVENENAR PLANTAS Y ANIMALES, QUE AL SER CONSUMIDOS POR LOS SERES HUMANOS LOS INTOXICABAN Y ENFERMABAN...

SÍ PUES: PARA ESPAÑA LA COLONIZACIÓN DE AMÉRICA SE TRADUJO EN PROSPERIDAD, DESARROLLO Y BONANZA, PERO PARA NUESTROS PAÍSES FUE EL HORROR, LA DESOLACIÓN, EL GENOCIDIO Y LA PÉRDIDA DE TODO...

Y EL INGRESO A PERPETUIDAD AL CLUB DEL TERCER MUNDO...

No lloren: Juan Carlos les va a prestar dinero..

MUY CIERTO. E HABRÁ INVERSIONES ESPAÑOLAS.. ¡ADEMÁS, NOSOTROS NOS FUIMOS EN 1850 Y OS DIMOS LA INDEPENDENCE!

LOS CORRIMOS, MEJOR DICHO.. ¡PERO YA NOS DEJARON PA'L ARRASTRE..!

EL MODELO EUROPEO DE DESARROLLO IMPUESTO EN AMÉRICA NO ESTABA CALCULADO PARA EL DESARROLLO DE LOS COLONIZADOS, SINO DE LOS COLONIZADORES...

Y DE SER COLONIA ESPAÑOLA PASAMOS A SER COLONIA GRINGA..

Y PEOR CON EL **TLC**..

DESDE LA CONQUISTA HASTA HOY, NUNCA* HEMOS TENIDO UN PROYECTO MEXICANO DE DESARROLLO PARA EL PAÍS.. ¡SIEMPRE HEMOS PADECIDO GOBIERNOS EMPEÑADOS EN DESTRUIR LO INDÍGENA E "INTEGRARLO" A LA CIVILIZACIÓN EUROPEA Y A LA SEUDOCULTURA NORTEAMERIYANQUI..!

* LA EXCEPCIÓN: CÁRDENAS..

TRAS LA SEUDO-INDEPENDENCIA, GOBERNANTES PRIMERO CRIOLLOS Y DESPUÉS HIJOS DE CRIOLLOS Y MESTIZOS, HAN INSISTIDO EN HACER DE MÉXICO UN PAÍS EUROPEO O GRINGO, "REDIMIENDO" AL INDÍGENA PARA QUE SE INTEGRE A LA SOCIEDAD..
A LA PINCHE SOCIEDAD QUE DESTRUYÓ A NUESTROS ANTEPASADOS..!

HAN QUERIDO SIEMPRE LOS GOBIERNOS BLANCOS QUE LOS INDÍGENAS (LOS MÁS POBRES DE LOS POBRES) SE SUMEN AL SISTEMA QUE HA DESTRUIDO SUS BOSQUES, SUS RÍOS, SU SUELO Y SU AIRE... ¡QUE ABANDONE SU CULTURA Y ADOPTE LA AJENA! COMO PREDICABA EL "APOSTOL" INDIGENISTA ALFONSO CASO...

(Lo mismo que predicaban los H. misioneros de la conquista)

¡A trabajar, que ya quiero estrenar mi casa..!
CEES
PRIMERO LOS ESPAÑOLES (CURAS INCLUIDOS). LUEGO LOS CRIOLLOS (CURAS INCLUIDOS) Y LUEGO LOS MESTIZOS REVOLUCIONARIOS HAN HECHO "AVANZAR" A MÉXICO EXPLOTANDO AL INDÍGENA..

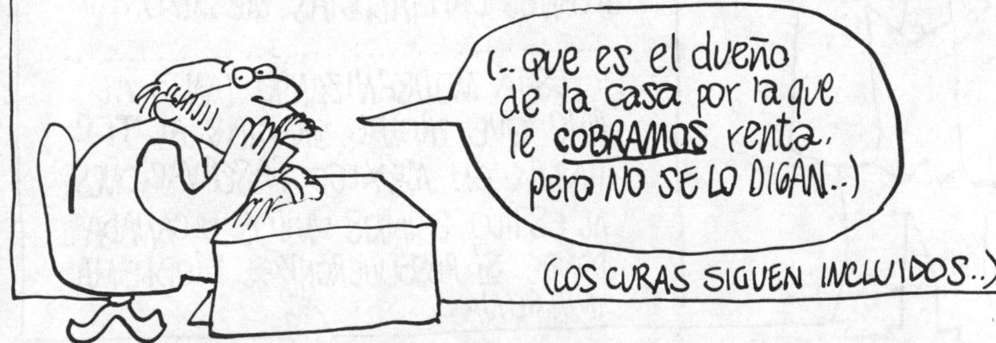
(..que es el dueño de la casa por la que le COBRAMOS renta, pero NO SE LO DIGAN..)
(LOS CURAS SIGUEN INCLUIDOS..)

CON LA LLAMADA REVOLUCIÓN MEXICANA SE VOLVIÓ A LA CULTURA INDÍGENA, PERO SOLO POR ENCIMITA: RESUCITAR EL FOLKLORE, LA MÚSICA, LOS BAILABLES, LA ARQUEOLOGÍA...

RESUCITAR A LOS MUERTOS Y ACABAR DE MATAR A LOS VIVOS
Sí, la Revolución volvió atractivo turístico al indio.
VASCONCELOS

..Y HACERLO HÉROE DE PELÍCULAS, DE MURALES Y LIBROS, PERSONAJE DE ÓPERAS Y MUSEOS, Y NADA MÁS...

¿REGRESARLES SUS TIERRAS, SUS PLAYAS O SUS BOSQUES? ¿QUÉ LES PASA?

AL CONTRARIO: QUIZÁS PARA CELEBRAR INDÍGENAMENTE LOS 500 AÑOS, EL GOBIERNO HA DESTRUIDO EL ARTÍCULO 27 DE LA CONSTITUCIÓN, QUE MEDIO PROTEGÍA LA TIERRA COMUNAL DE LOS AFANES CAPITALISTAS MESTIZOS...

Y ESTÁ MODERNIZANDO TANTO AL PAÍS QUE PRONTO, GRACIAS AL **TLC** HABRÁ EN MÉXICO RESERVACIONES AL ESTILO ESTADOS UNIDOS O CANADÁ.. DONDE "<u>SÍ</u> RESOLVIERON" EL PROBLEMA INDÍGENA...

¿O SE HA MENCIONADO EN LAS PLÁTICAS POR EL **TLC** EL "PROBLEMA INDÍGENA" REPRESENTADO POR 8 MILLONES DE INDIOS QUE VIVEN EN LA MISERIA..?

DRINK
COKE!
Ford
Pepsi
Mc Donalds
(de Mécsico: nosotros vivimos en el chupe hic!)

¿Y QUÉ QUERÉIS HACER DESPUÉS DE 500 AÑOS? YA NO SE PUEDE VOLVER AL PASADO, COÑO!!
NI MODO DE DESTRUIR LAS IGLESIAS Y RESUCITAR A LOS MUERTOS, NI VIVIR MENTÁNDOLE LA MADRE A ESPAÑA O QUEMAR LAS PANADERÍAS, CANTINAS Y HOTELES DE PASO DE LOS GACHUPINES..

Ni modo de volver al pasado, a la tiranía azteca o a los sacrificios humanos, digo..
PERO... ¿POR QUÉ NO RECUPERAR EL MODO DE VIDA INDÍGENA, LA SOCIEDAD DONDE SE VIVÍA EN PAZ Y ARMONÍA CON LA NATURALEZA..?

¿POR QUÉ INSISTIR COMO MULAS DE NORIA EN IMITAR MODELOS DE SOCIEDAD QUE HAN FRACASADO Y ESTÁN DESTRUYÉNDOLO TODO Y DEJANDO COMO HERENCIA A NUESTROS HIJOS TIERRA DESTRUIDA, AGUAS PODRIDAS, BOSQUES ASOLADOS Y AIRE PARA RESPIRAR CON CACA INCLUIDA...?

---

AL CUMPLIRSE LOS 500 AÑOS DEL INICIO DE NUESTRO SUBDESARROLLO, DEBEMOS RECONOCER -COMO LO HIZO GORBACHOV Y SUS PAISANOS- QUE ESTE SISTEMA Y MODELO DE DESARROLLO SE HA ROTO, QUE NO DA MÁS, QUE NO PODEMOS SEGUIR IGNORANDO, DESPRECIANDO Y EXPLOTANDO AL OTRO MÉXICO, A TODOS ESOS PUEBLOS QUE ESTA SOCIEDAD HA RECHAZADO Y A LA QUE ELLOS SE NIEGAN A ENTRAR...

NO AL TLC

NUESTRO FRACASO AGRÍCOLA NO SE DEBE A QUE HAYAN FALLADO LAS TÉCNICAS PREHISPÁNICAS DE CULTIVO: SÓLO RECUPERANDO ESAS TÉCNICAS SE PODRÍA SALVAR DEL SUBDESARROLLO A NUESTROS PAÍSES, AUNQUE NO LO CREA NADIE...

¿ENTONCES POR QUÉ HA FRACASADO EL CAMPO..?
POS, AUNQUE SE RÍAN, PORQUE NO HAN RESPETADO A NUESTRA MADRE LA TIERRA..

DESDE HACE CASI 500 AÑOS SE HA FORZADO A LA TIERRA IMPONIÉNDOLE CULTIVOS, TÉCNICAS Y ANIMALES EUROPEOS. NO FALLARON LOS INDIOS, FALLARON –Y SEGUIRÁN FALLANDO– LOS Q. QUIEREN CULTIVAR COSAS AJENAS A ESTAS TIERRAS...

..
2 BUEYES.

Y CONVERTIR MÉXICO EN UN PAÍS "GANADERO" ACABÁNDOSE LA POCA TIERRA CULTIVADA Q. QUEDA..

Y ASÍ HA SIDO CON TODOS LOS ASPECTOS DE LA VIDA DE NUESTROS PAÍSES, JODIDOS PERO MUY CRISTIANOS: SE QUISIERON IMPONER MODELOS AJENOS A LO QUE HABÍA; DISTINTA RELIGIÓN Y FILOSOFÍA, DISTINTOS MODOS DE PRODUCCIÓN, DISTINTO RÉGIMEN ALIMENTICIO, DISTINTO RÉGIMEN POLÍTICO... ¡OTRA CIVILIZACIÓN, EN UNA PALABRA!

RICOS PULQUES DE S. BARTOLO
¿A POCO NO SE DESENRROLLÓ UNA "NUEVA" CIVILIZACIÓN, LA CIVILIZACIÓN MESTIZA..?
NO LO CREO; AQUÍ LO QUE PASÓ FUÉ QUE UNA CIVILIZACIÓN DESTRUYÓ A LA OTRA: NO SE CRUZARON..

LA CUESTIÓN ESTÁ MUY CLARA: MÉXICO -DICEN- ES UNA NACIÓN MESTIZA; NI ESPAÑOLA, NI INDÍGENA...

¿Y ENTONCES LOS INDIOS DE QUÉ JUGAMOS?

VIVEN AL MARGEN DE LOS PLANES DE GOBIERNO, NADIE LOS TOMA EN CUENTA PARA NADA, NO TIENEN VOZ NI VOTO EN LAS DECISIONES NACIONALES NI INTERNACIONALES.. ¡LOS TRATAN PEOR Q. AL MESTIZO!!

# Exigen indígenas bolivianos devolución "de su territorio"

***Demandan reconocimiento de los Estados americanos***

SAN IGNACIO DE MOXOS, Bolivia, 8 de diciembre (Reuter).— Los pueblos indígenas de América exigieron la devolución de los territorios que les arrebató el coloniaje, y demandaron ser reconocidos por todos los estados del continente durante un congreso interamericano realizado aquí.

Cerca de un centenar de representantes de pueblos originarios de América, que se reunieron entre miércoles y viernes en esta población boliviana amazónica, so... "históric... sc... unidad de los pueblos indígenas" lo que conducirá "a la liberación y al pleno dominio del territorio".

Sostuvieron que los pueblos indígenas requieren de reconocimiento constitucional específico, ya que la mayoría de los estados no los consideran como parte fundamental de la nación.

Los delegados propusieron la elaboración de un tratado internacional del derecho territorial indígena que "exprese y denuncie los despojos, reducciones y restricciones que sufrimos por los estados y gobiernos".

Al denunciar su marginamiento en las decisiones gubernamentales, los pueblos indígenas dijeron los planes de desarroll... sus territorios actuale... ben ser planificados, ... cutados y evaluados ... ellos mismos.

Pidieron asímismo ... ticipación en las utilic... que obtienen las instit... nes que trabajan er... zonas

¿ESTÁN LOCOS? NO PODEMOS HACER UN PAIS PARA BLANCOS, OTRO PARA MESTIZOS Y OTRO PARA INDIOS..!
¡ESO IRÍA CONTRA EL CRISTIANISMO Y LA DEMOCRACIA..!

TENEMOS QUE VIVIR COMO LO PREDICAN LAS DEMOCRACIAS CRISTIANAS: TODOS JUNTOS EN LIBERTAD, IGUALDAD & FRATERNITÉ..
SÍ, LO PREDICAN PERO NO LO CUMPLEN..
ASÍ MERO ES COMO NOSOTROS QUISIÉRAMOS VIVIR: EN LIBERTAD, IGUALDAD Y FRATERNIDAD.. ¡PERO NO NOS DEJAN!
LES HAN QUITADO SUS TIERRAS, EL AGUA, LOS CRÉDITOS.. Y SE LES ACUSA DESPUÉS DE QUE NO SON PRODUCTIVOS O DE QUE SE HAN DEDICADO A SEMBRAR MARIHUANA...

# Gestionan la excarcelación de 775 indígenas presos

**Pascual Salanueva Camargo** □ Con base en el convenio firmado entre la Procuraduría General de la República y el Instituto Nacional Indigenista, se anunció que en breve estarán en disposición de abandonar los reclusorios donde se en-uentran 775 indígenas acusados, en un r ciento por delitos contra la salud.

fica, ciertamente, un tratamiento humanizado, que toma en cuenta la calidad indígena de los reos''.

En otros 31 procesos contra ind agregó la PGR, se ha resue reclasificación de los acusa. les

nos pasa lo mismo que a los NEGROS:

PRIMERO LES ROBAN EL JABÓN Y LUEGO LES DICEN QUE NO SE BAÑAN..

Nos tratan peor que a los negros: a ellos los patean los blancos.. pero a nosotros nos patean los blancos Y los mestizos..

MÉXICO ES UN PAÍS MESTIZO, -DICEN- UN PRODUCTO DE LA FUSIÓN DE DOS RAZAS, DEL MESTIZAJE..

nomás que acá no hubo mestizaje.. nomás etnocidio..

EL MESTIZAJE, DICE EL INEFABLE TUMBABURROS, ES "LA CRUZA DE DOS RAZAS"... Y ACÁ NUNCA SE DIO EL CASO DE INDÍGENAS QUE SE EJECUTARAN EN EL LECHO CONYUGAL -U DONDE FUERA- A NINGUNA HEMBRA HISPANA... NI DE HEMBRA INDÍGENA QUE SE CRUZARA CON GACHUPA VOLUNTARIA-MENTE...

Excepto en TIZOC y eso porque la María Félix se encaprichó con Pedrito..

EL MESTIZAJE PACÍFICO NUNCA SE DIO EN MÉXICO, PUES EN TODOS LOS CASOS LA CRUZA SE EFECTUÓ POR VIOLACION DE LAS MUJERES INDÍGENAS A MANOS Y COJONES DE LA SOLDADESCA Y CLERO HISPANOS...

¿Acostarme con uno desos apestosos? Ni questuviera loca diatiro..

NUNCA SE DIO EL CASO DE UN MATRIMONIO FORMAL ENTRE HISPANO E INDÍGENA PARA QUE PUDIÉRAMOS HABLAR DE MESTIZAJE..!

Y MENOS A LA VISCONVERSA: LOS INDIOS NO SE PODÍAN NI ACERCAR A LAS BLANQUILLAS..

EL RESULTADO DE ESAS VIOLACIONES (O RELACIONES SEXUALES ILEGÍTIMAS CON LOS CURAS ESPAÑOLES) FUERON MILES DE NIÑOS Y NIÑAS RECHAZADOS A DÚO..

NI LOS RECONOCÍAN LOS ESPAÑOLES, NI LOS ACEPTABAN LOS INDIOS...
Había miles y miles de niños de esos vagando por los campos, viviendo del robo, huyendo de ambos bandos, sucios, salvajes y muertos de hambre...

CUANDO SE LES CAPTURABA, LOS ENVIABAN COMO ESCLAVOS A LAS HACIENDAS Y MINAS, Y EN MUCHOS CASOS A ESPAÑA, TAMBIÉN COMO ESCLAVOS, PARA SERVIR EN EL EJÉRCITO..

Y si eran hembritas, pos de criadas para los conventos..

EL "TÍTULO" DE MESTIZO ERA UN ESTIGMA, UN INSULTO. PERO TODOS ESOS MESTIZOS FUERON LA BASE DE NUESTRA NACIONALIDAD: LA PLEBE, LOS PELADOS, LOS NACOS, LOS LÉPEROS...

LOS HIJOS DE LA CHINGADA, PACABAR PRONTO..

¿HIJOS DE LA CHINGADA?

Que lo explique don Octavio Paz pa que no se oiga tan de la chingada..

"LA CHINGADA ES LA MADRE ABIERTA, VIOLADA O BURLADA POR LA FUERZA. EL "HIJO DE LA CHINGADA" ES EL ENGENDRO DE LA VIOLACIÓN, DEL RAPTO O DE LA BURLA..."

EL LABERINTO DE LA SOLEDAD.

PRIVADOS DE PADRE Y MADRE, PRIVADOS DE TODA EDUCACIÓN, RECHAZADOS POR LA NUEVA SOCIEDAD BLANCA Y POR LA VIEJA SOCIEDAD DESTRUIDA, LOS CAFECONLECHE HIJOS DE LA CHINGADA SE VEN OBLIGADOS A SOBREVIVIR A PESAR DE LOS ESPAÑOLES Y DE LOS INDÍGENAS. A SER MÁS "CHINGÓN" QUE TODOS, A COMO DÉ LUGAR...

TODAS LAS PROPIEDADES Y RIQUEZAS DEL PAÍS PERTENECEN AL ESPAÑOL Y AL CRIOLLO. NI EL INDIO NI EL MESTIZO POSEEN NADA, EXCEPTO SU TRABAJO... Y SU INGENIO...

EL INDIO OPTA POR RETIRARSE RESIGNADO A LO QUE QUEDA DE SU MUNDO..
ni modo, nos llevó la chingada..
EL MESTIZO, CON SANGRE ESPAÑOLA SE CREE POR ELLO SUPERIOR AL INDIO Y TRATA DE EXPLOTARLO...
..Y NO DEJARME DE LOS PINCHES ESPAÑOLES..
que odian cordialmente a sus bastardos hijos...

ESE ODIO RECÍPROCO VA FORMANDO EL MODO DE SER DE ESA NUEVA RAZA RESENTIDA CON TODOS Y OBLIGADA A SOBREVIVIR. EL MEXICANO MEDIO RESULTA -DICEN LOS QUE SABEN- CON ESTAS CARACTERÍSTICAS:
ASTUTO, ABUSIVO, TAIMADO, IRRESPONSABLE, ENVIDIOSO, PROPENSO AL ROBO, MENTIROSO, VIVIDOR, IMPORTAMADRISTA, DESCONFIADO
SOY CHILANGO ¿Y QUÉ?

APROVECHADO, FLOJO, IMPUNTUAL, SIMULADOR, PROPENSO AL ENGAÑO, MONTONERO, AGRESIVO FAROLÓN, SENTIMENTAL Y AGACHÓN..
faltan algunas, pero mejor "ahi muere" o me acusan de lesa patria..

TODAS ESTAS "VIRTUDES" HAN ESTADO ACTIVAMENTE PRESENTES EN NUESTRA HISTORIA Y EN NUESTROS GOBERNANTES, Y POR ESO, PORQUE SOMOS COMO SOMOS, ES QUE ESTAMOS COMO ESTAMOS..

CONDENADOS DE POR VIDA AL SUBDESARROLLO Y AL TERCER MUNDO..
Y A TODO ESO AÑÁDALE LO PEOR: QUE COMO MEXICANOS TENEMOS VERGÜENZA DE TENER "TODAVÍA" INDIOS EN EL PAÍS..

LLEVAMOS 500 AÑOS NEGANDO NUESTRO ORIGEN Y VIENDO AL INDÍGENA COMO UN ESTORBO. PERO AL MISMO TIEMPO SACÁNDOLE TODO EL JUGO POSIBLE: EXPLOTÁNDOLO, BURLÁNDOLO, DISCRIMINÁNDOLO, USÁNDOLO COMO BESTIA DE CARGA, CARNE DE CAÑÓN, VOTO ELECTORAL, CARNE PARA EL HIJO DEL PATRÓN, O, EN EL MEJOR DE LOS CASOS, MOTIVO FOTOGRÁFICO...
¿16 DE SEPTIEMBRE? ¿5 DE MAYO? ¿20 DE NOVIEMBRE? NO SÉ: A NOSOTROS NOS CELEBRAN NOMÁS EL 28 DE DICIEMBRE...

ay, Casimira, ¿cuándo tendrás tus hijitos para que sean los sirvientes de mis hijitos...?
SI REALMENTE QUEREMOS QUE EL PAÍS PROGRESE, LO PRIMERO POR HACER ES HACER JUSTICIA, DARLE ORA SÍ QUE SU LUGAR AL INDIO RECONOCER QUE ÉL ES EL DUEÑO DE LA CASA EN LA QUE VIVIMOS SIN PAGARLE NI UN CENTAVO DE ALQUILER, Y DEJAR DE QUERER INTEGRARLO A ESTA SOCIEDAD QUE LE ROBÓ Y DESTRUYÓ TODO...
Deme lo que sea su voluntad..
juan 21.11.77

# *No se puede festejar la destrucción y sometimiento de nuestros antepasados*

***EL V CENTENARIO DEL "DESCUBRIMIENTO DE AMERICA"***

¡SOBRE TODO CUANDO NOSOTROS LOS SEGUIMOS SOMETIENDO Y DESTRUYENDO!

1
PTA
FRANCISCO
PIZARRO
CORREOS
ESPAÑA

2
PTAS
DIEGO
DE
ALMAGRO
CORREOS
ESPAÑA

■ **Una forma de conmemorar el *Descubrimiento***

**Indígenas americanos denunciarán el genocidio de la colonización**

2,50 PTAS
FRANCISCO DE TOLEDO
CORREOS
ESPAÑA

NO BASTA CON NEGARNOS A PARTICIPAR EN LAS ABSURDAS CELEBRACIONES. NI EN RECONOCER QUE EL TAL ENCUENTRO DE DOS MUNDOS RESULTÓ UNA PARTIDA DE MADRE PARA LOS INDÍGENAS (COMO ESPERAMOS HABERLO DEMOSTRADO AQUÍ)...

La mejor celebración es dejar ya de partirles la madre..

..nosotros los mestizos, NO los españoles!

■ **Piden que se elimine el *Día de la Raza***

# Marchas y danzas por la dignidad indígena, en el Centro Histórico

la construcción de la presa hidroeléctrica San Juan Tetelcingo. El 26 y 27 de octubre, anunció, los indios festejarán haber evitado la destrucción de su cultura.

Las danzas y las marchas que culmina-

danzas y una ceremonia tradicional. En la efigie de Cristóbal Colón pintaron consignas y aventaron huevos.

Fue en este lugar donde el delegado en Cuauhtémoc, Guillermo Orozco Loreto, y el embajador de España en México, Al-

# Marchas en Chile y Bolivia contra "500 años de genocidio"

Cuauhtémoc. ...actican".

Antes avanzaron sobre Reforma. En el monumento a Cuauhtémoc realizaron

El Comité Peruano contra la Celebración del V Centenario ...zaciones de Sonora, Quintana Roo, Oaxaca, Chiapas, Chihuahua, estado de México, Guerrero,

■ **Acuerdo del pleno del Encuentro Continental**

# 1992, año de la resistencia indígena, negra y popular

blos indios en este encuentro, era divisionista.

La plenaria determinó que en 1992 se luchará por la liberación de los presos po... del continente, en particular por

la de Leonard Peltier, quien purga dos cadenas perpetuas en Estados Unidos, y por la de 18 presos políticos luchadores por la independencia de Puerto Rico.

Se informó que 315 delegados, obser-

■ **Festejo de la resistencia indígena en Guerrero**

# Necesario, superar el odio a lo español: Tlaxatzin Stivalet

**José Manuel Benítez, corresponsal,** *Chilpancingo, Gro., 12 de octubre* □ Con danzas prehispánicas en la plaza central de esta ciudad, un grupo autóctono celebró hoy los 499 años de resistencia indígena y popular, minutos después de la ceremonia oficial que conmemoró el Encuentro de dos culturas.

Unos 200 curiosos rodeaban a 16 jóvenes que danzaban al compás de dos tambores y un teponaztle...

doliéndonos de 499 años de vejaciones y de la ignorancia de lo autóctono".

Criticó las celebraciones oficiales del "descubrimiento de América", que consisten en "agradecer el descubrimiento a los españoles, pero en realidad lo que descubrieron fue una mina de oro y enseguida nos colonizaron".

Las celebraciones oficiales del 12 de octubre implican que los gobiernos son los "legítimos herederos de Hernán Cortés, ya que todo lo que vendieron los presidentes Echeverría y López Portillo a Estados Unidos, ahora lo está entregando Salinas de Gortari", apuntó.

Tlaxatzin Stivalet dio a conocer las soluciones del Tercer Congreso... Anáhuac, celebrado el 14 de se... en esta capital, en las que... necesidad de ... español".

← el colmo!

■ **Día de la Hispanidad**

# Felicitación de CSG al rey Juan Carlos I y a Felipe González

El presidente Carlos Salinas de Gortari envió ayer un mensaje de felicitación al rey Juan Carlos I y al presidente del gobierno español, Felipe González, en ocasión del Día de la Hispanidad.

El texto íntegro del documento es el siguiente:

"En nombre del pueblo y del gobierno de México, envío a vuestra excelencia mis más sinceras felicitaciones con motivo del Día de la Hispanidad.

LOS INDÍGENAS NO PIDEN MONUMENTOS NI RECORDATORIOS NI DECLARACIONES, SINO..

¡QUE NOS DEJEN DE CHINGAR!

EN ESO QUEDAMOS. ATTE:

CARLOS IV.

BIBLIOGRAFIA


- EMBRIAGUEZ, HOMICIDIO Y REBELIÓN EN LAS POBLACIONES INDÍGENAS MEXICANAS
  William B. Taylor / FCE 1987 MÉXICO.
- BREVÍSIMA RELACIÓN DE LA DESTRUCCIÓN DE LAS INDIAS
  Bartolomé de las Casas / REI / 1988 MÉXICO.
- DESCUBRIMIENTO Y DOMINACIÓN ESPAÑOLA DEL CARIBE
  Carl Ortwin Sauer / FCE 1984 MÉXICO
- LES CONQUISTADORES / Jacques Lafaye / Editions du Seuil 1964 / PARÍS
- CONQUISTA Y DESPERTAR DE LAS COSTAS DE LA MAR DEL SUR
  Rolf Widmer / CNCA Regiones / 1990 MÉXICO
- LA RESISTENCIA INDÍGENA ANTE LA CONQUISTA
  Josefina Oliva de Coll / SIGLO XXI 1974 / MÉXICO.
- HERNÁN CORTÉS / José Luis Martínez / FCE-UNAM / 1990 MÉXICO
- CRISTÓBAL COLÓN / Jacob Wasserman / MÉXICO / s/pie editorial.
- DESCUBRIMIENTO DE AMÉRICA / Manuel Lucena / REI-ANAYA / Madrid 1988
- RELATOS AZTECAS DE LA CONQUISTA /
  George Baudot - Tzvetan Todorov / GRIJALBO CNCA / MÉXICO 1989
- LOS AZTECAS BAJO EL DOMINIO ESPAÑOL 1519-1810
  Charles Gibson / SIGLO XXI / 1967 MÉXICO
- MEMORIA DEL FUEGO Tomos I y II
  Eduardo Galeano / SIGLO XXI / MÉXICO 1982
- COLÓN / Pedro Voltes / SALVAT · Biografías / BARCELONA 1986
- CRISTÓBAL COLÓN / NIKOS Kazantzakis / DANTE · Mérida, Yuc. 1985
- MI AMO COLÓN / Cedric Belfrage / GRIJALBO 1990 MÉXICO
- LA INVENCIÓN DE AMÉRICA
  Edmundo O'Gorman / LECTURAS MEXICANAS / FCE / 1986
- CRISTÓBAL COLÓN / Julio Verne / La Prensa · BOGOTÁ 1988

- LA CLASE OBRERA EN LA HISTORIA DE MÉXICO
  Varios autores / UNAM-SIGLO XXI / 1985 MÉXICO
- EL EXPOLIO DEL INDIO NORTEAMERICANO
  Wilbur J. Jacobs / ALIANZA EDITORIAL / 1973 MADRID
- VISIÓN DE LOS VENCIDOS • Relaciones indígenas de la conquista
  Miguel León Portilla / UNAM 1989 MÉXICO
- EL CHOQUE DE LAS CULTURAS HISPANO INDÍGENAS
  Eduardo Luis Feher / METROPOLITANA - 1976 MÉXICO
- EL REVERSO DE LA CONQUISTA / Miguel León Portilla / MORTIZ 1964 - MÉXICO
- LA CONQUISTA DE MÉXICO / Fernando Orozco L. / PANORAMA 1988 MÉXICO
- EL ETNOCIDIO A TRAVÉS DE LAS AMÉRICAS
  Robert Jaulin / SIGLO XXI / 1976 MÉXICO
- LAS VENAS ABIERTAS DE AMÉRICA LATINA
  Eduardo Galeano / SIGLO XXI 1971 MÉXICO
- CRISTÓBAL COLÓN / Stephen Marlowe
  MONDADORI ESPAÑA - 1987 MADRID
- EL SACRIFICIO HUMANO ENTRE LOS MEXICAS
  Yolotl Glez-Torres / FCE-INAH / 1985 MÉXICO
- HISTORIAS EXTREMAS DE AMÉRICA
  Rafael Domínguez M. / P&J / 1986 BARCELONA
- DESCUBRIMIENTO Y CONQUISTA DE AMÉRICA
  Diego Luis Molinari / EUDEBA - 1964 BUENOS AIRES
- HISTORIA DE AMÉRICA LATINA / Varios / CRÍTICA-GRIJALBO / 1990 BARCELONA
- CUATRO HISTORIADORES DE INDIAS / Edmundo O'Gorman / CNCA 1989 MÉXICO
- NUESTRA AMÉRICA FRENTE AL V CENTENARIO
  Varios / MORTIZ-PLANETA / 1989 MÉXICO
- HISTORIA DE LA EDUCACIÓN EN LA ÉPOCA COLONIAL • El mundo indígena •
  Pilar Gonzalbo Aizpuru / EL COLEGIO DE MÉXICO / 1990 MÉXICO
- EL CARÁCTER DEL DESCUBRIMIENTO Y DE LA CONQUISTA DE AMÉRICA
  George Friederici / FCE / 1973 MEXICO
- LA CONQUISTA ESPIRITUAL DE MÉXICO / Robert Ricard / FCE 1986 MÉXICO
- EL ENTUERTO DE LA CONQUISTA / Luis González / SEP - 1984 MÉXICO
- LA GUERRA CHICHIMECA / Phillip W. Powell / FCE. 1985 MÉXICO
- LA INQUISICIÓN ESPAÑOLA / Henry Kamen / GRIJALBO 1986
- MEXICO & HIS HERITAGE / Ernest Gruening / APPLETON-CENTURY NY. 1942

# Index



TLC

HACE UN CHINGO DE AÑOS LOS INDIOS ÉRAMOS BIEN CHINGONES; PERO LLEGÓ UN CHINGAMADRAL DE CHINGAOS GACHUPINES, Y LOS MUY HIJOS DE LA CHINGADA, A PUROS CHINGADAZOS NOS CHINGARON TODITOS. ¿NO SON CHINGADERAS?

Y LO PIOR ES QUE NOS SIGUEN CHINGANDO LOS CHINGAOS PAISANOS!
92

# Reconocimiento de los pueblos indios por los gobiernos, tarea del

primidos y discriminados cultu- ciudadana

# Los Estados deben negociar con los pueblos indios: Gómez Ri

avanzar mucho más allá, de hacer Hace falta, por

rrollar más la parti

# Los indios deben participar en la solución del problema ecológico:

92 los gobier-

*España fue la que redondeó al mundo y tras ella toda Europa fue a constatar la redondez y se trasladó a América. Hoy, cinco siglos después España debe de encabezar esa nueva gira de Europa; pero en favor de los indios de América, de los indios de América que ahora son también los negros.*

*España y Europa deben de contribuir a la reconquista de nuestro paraíso perdido durante siglos.*

*Aunque la conquista y colonización de América costó tanto y significó tanto, pareciera que Europa no termina de descubrir a América, es decir, no termina de entendernos, no termina de respetarnos, no termina de querernos, porque obras son amores y no buenas razones.*

*Con estas propuestas y por estas razones vine yo,*
*india misquita,*
*india zamba*
*y más que hablar español, hablo en lengua de libertad, porque vengo de un país donde, a pesar de que los nuevos invasores nos han querido perder, extraviar, que nos sacrifican, que nos matan, ya hemos encontrado el camino para abrazarnos con la historia.*

*En Nicaragua, un indio y un ejército de indios, nos demostraron, nos abrieron el camino y se hicieron camino.*

*En Nicaragua, Sandino fue el camino y por ese camino los hombres nicaragüenses, hemos avanza-*

Esta obra se terminó de imprimir
en julio de 1994 en
Avelar Editores Impresores, S.A.
Bismarck 18
México, D.F.

La edición consta de 3,000 ejemplares